내 생각에 답한다

내 생각에 답한다

사람, 자연, 종교
그리고
삶과 죽음

허태수 지음

호메로스

프롤로그

니체는 짜라투스트라를 통해 "불시에 끝나는 삶에 맞서라. 그리고 완전히 다른 방식으로 죽음을 맞으라."라고 했다. 한 마디로 '제 때 죽으라'는 것이다. 이것이 적절한 죽음의 시간을 망각한 인간들에게 전하는 니체의 조언이다.

삶에는 '적시適時'와 '불시不時'가 있다. 오늘날 인간들은 적절한 시간에 대한 감각을 완전히 잃었다. 적시의 자리에는 불시가 대신하고 있다. 그러므로 제때에 죽는 사람이 드물다. '불시'에 죽음의 그림자가 덮쳤다고 말하는 까닭이 그것이다.

나는 불시에 끝나버리는 삶을 원하지 않는다. 삶 자체를 적극적으로 구성하여 '완성하는 죽음'을 위해 살려고 한다. 삶의 찰나도 늘 적시에 놓아두려 한다. 그래서 항상 '불시성'을 삶 속으로 끌어들이고 있다. 내게 있어 '시간'은 '적시'로 바꾸어 죽음에서 자유로워지려는 연금술이다.

*

400년 전 피렌체 사람들은 누구나 별을 볼 수 있었다. 그러나 망원경을 가진 사람은 오로지 한 사람, 갈릴레오뿐이었다.

400년이 지난 지금, 누구나 망원경을 가지고 있다. 그러나 누구나 별을 보는 것은 아니다. 눈이 있다고 별을 보는 게 아니듯이 춘천에 산다고 춘천을 보는 건 아니다. 보려고 하는 자, 눈을 뜬 자만 볼 수 있다.

고요하고 깊은 밤 대룡산에 오른다. 그곳에서 바라보는 야경은 바로 그 '적시'와 '불시'가 대응하는 가장 빛나는 순간이다. 불시가 적시에 포섭될 때 어떤 일이 생기는지를 보여주는 위대한 은유다. 더 감동적인 것은 그 적시의 시간 속으로 걸어 들어가는 '사람'이다. 이는 '운명의 시간'을 복원하려는 장엄한 시도이다.

*

　우리는 자연과는 비교도 할 수 없이 고귀한 인생에 대해서 놀랄 줄 알아야 한다. 귀가 없이 음악을 창조한 베토벤에 놀라야 하고, 눈을 감고 『실락원』을 쓴 밀턴에 놀라야 하고, 조국을 쫓겨나 『신곡』을 쓴 단테에 놀라야 한다. 특히 '운명의 시간'을 복원하려는 '나' 자신에 놀라야 한다.

　'내 속에 정의의 불이 붙고 있지 않은가. 내 속에 진리의 빛이 비치고 있지 않은가. 내 속에 생명의 샘이 흐르고 있지 않은가. 내 속에 높은 산 푸른 물이 용솟음 치고 있지 않은가. 아름다운 자연이 내 속에 있고, 알 수 없는 신비가 내 속에 있고, 끓어오르는 생각이 내 속에 있지 않은가.'

　세상에 제일 신비한 것도 '나'이고, 제일 신통한 것도 '나'다. 깨어서 우주를 살피고 자면서 세상을 감싸는 것도 바로 '나'다.

무릇 '나' 자신에 놀란 사람이 '나'를 아는 사람이며, '나'를 아는 사람이 적시의 시간 속으로 걸어 들어가는 '사람'이다. 더구나 '완전한 적시적 존재'로 예수님이 햇살처럼 스며든다면, 그 또한 불시에서 적시로 들기에 부족함이 없다.

목차

2장 자연과 문명에 대한 반응

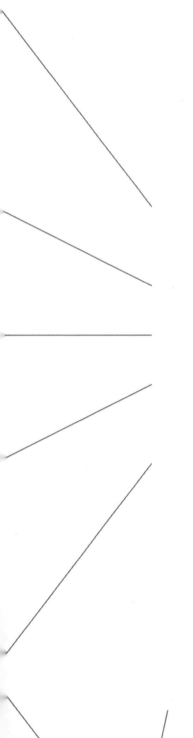

4장 종교와 사색에 대한 반응

1 장

사람과 사회에 대한 반응

둔감해지게!
경솔하게 동요하는 가슴은
화를 부르는 자산이야
요동하는 세상에서는.

– 요한 볼프강 폰 괴테

Simple life,
High thinking

생활은 소박하게,
생각은 고상하게

"애야, 친구들 사귈 때 가려서 사귀어라. 병익이는 멀리해야 할 사람이여."

"어머니! 병익이가 어때서요."

"그 사람 얼굴이 어릴 때 얼굴이 아녀. 주색에 곯은 얼굴이여."

"어머니, 병익이는 주색에 곯은 게 아니고 철학에 곯은 사람이에요."

"처락? 처락이 뭐여?"

청구자 민병산(병익) 선생의 초등학교 친구인 신동문 시인의 어머니가 그와 아들의 우정을 탐탁찮게 여겨 나눈 일화다.

청주의 부호였던 부모 밑에서 호사스럽고 환하게만 살던 그가 그렇게 애늙은이 철학자가 된 데는 까닭이 있었다. 보성중학교 졸업반이던 1935년, 카이로선언 내용을 프린트하여 배포했다는 이유로 체포되어 10개월의 옥살이를 하고 난 뒤부터였다. 감옥살이가 그를 철학자로 만든 셈이다. 그 이후 그는 집 밖으로 나가는 일을 삼가고 독서에 빠져 들었다. 복역과 두문불출, 흡연과 사색이 그를 일찌감치 '곯은 사람'으로 만들었던 것이다.

어린 나이에 '처락(철학)'에 곯아버린 그는, 자신에게 돌아올 엄청난 유산도 포기했다. 그리고는 관철동의 디오게네스가 되어 청계천 고서점을 들렀다가, 한국기원으로 가서 바둑을 두거나 바둑 구경을 하며 꾸벅꾸벅 졸지 않으면, 해질녘 선술집으로 자리를 옮겨 주정뱅이들의 고준담론에 맞장구를 치다가 집으로 돌아가는 게 일상이었고 일생이었다. 호구를 면하려고 일본 바둑 책을 번역하기 시작했는데, 어느새 바둑 실력이 일급이 되었다. 거기서 얻은 철학적인 사유를 글로 써서 발표했던 것들을 묶은 책이 『철학의 즐거움(신구문화사)』이다. 이 책이 내 영혼의 방랑기였던 1980년대 중반기 때 내게 미친 영향이 무엇인지는 다음의 문장이 말해 준다.

> 일반 세간에서 철학 또는 철학자라고 이르는 말에는, 철학의 깊은 인식에 대하여 존경을 바쳐서 뜻하는 일면이 있는 한편, 고원高遠한 사고에 골몰하여 구체적인 현실을 잃어버리고 마는 어리석음을 뜻하고 비웃는 일면도 있다. 그러나 실제에 있어 철학은 현실을 떠나서 공허한 관념의 희롱을 일삼으려는 것이 아니다. 다만 눈앞에 있는 세속의 명리名利에만 어두워 삶을 허비하는 일에 만족하지 않고, 보다 깊은 인간의 관심을 좇아서 진리를 찾아가려는 것이므로 그 목표가 고상하다는 점을 의심할 수는 없다.

'관념의 희롱이 아니라 인간의 소소한 일상이 곧 철학의 모체'라는 그의 사고는 당시 체제 주변부 인생들이 모두 공감하고 흠모하는 바였다. 그래서 저녁이 되면 인사동 골목길은 청구자 선생을 앞세운 사람들로 가득 메워지곤 했다. 나는 신학교를 입학하자마자 곧 걷어치우고 천상병 시인의 친구인 소남자 김재섭(고금문 재야학자, 『금문신고의 비밀』의 감수자)을 따라서 안동국시로 유명했던 〈누님 손국수〉의 사랑방 한쪽에 방랑의 보따리를 끌러 놓았다. 낮에는 해직이 되거나 쫓겨난 정치인, 시인, 교수, 도인들의 세상 돌아가는 이야기에 귀동냥하고, 밤에는 또 다른 낭만 가객들이 풀어놓는 삶에 대한 이야기들을 통해 학교에서 배울 수 없는 문리를 터득하며 '인간다워지는 아름다움의 길'을 안내 받았다. 그러기를 5년여, 1987년 후반기의 세상은 봄눈 녹듯이 풀어져, 묶였던 이들이 놓여났고, 쫓겨났던 이들이 제자리로 돌아갔다. 나는 그때 삶의 갈림길에 있었다. 신학 하기, 좀 더 자세히 말하면 목사로 살기를 그만두고 민병산과 같은 '처락자'로 살고픈 마음이 간절했다.

어느 날 청구자는 내게 손바닥만 한 문고판 책 한 권을 내밀었다. 일본 사람이 쓴 공예에 관한 여러 가지 이야기가 담긴 『공예문화(신구문고, 1976)』였다. 철학적인 진로를 두고 고심하던 나에게 『공예문화』는 너무 뜻밖의 책이었다. 그러나 청구자는 아무런 말이 없었고, 누구나 그랬듯이 나 또한 그에게 설명을 기대하지 않은 채 책을 받아서 골방으로 돌아왔다. 300쪽짜리 그 책은 하룻밤에 다 읽었다. 하지만 나는 다음날 아침이 되어도 철학과 공예의 공통점은커녕 내게 주고자 하는 청구자의 마음을 도무지 읽을 수 없었다. 저녁이 되었을 때, 그의 손에는 얄팍한 복사물 한 장이 들려 있었다. 그것은 1963년《새 교실》에

연재했던 글 중의 하나였다. 모두 5회 분량의 글 첫머리에 「트라키아 소녀의 웃음」이 실려 있었다. 철학은 곧 존재의 문제였다. 어떤 종류의 삶을 사는가가 아니라, 어떤 존재로 살아야 하는가의 문제였던 것이다. 그때 나는 철학하는 일에서, 철학하는 존재로 전환되었다. 아니, 청구자의 뒤를 따르자면 '철학'이 아니라 '처락'이다. 그때 이후 나는 지금껏 목사로 사는 게 아니라 '처락'으로 산다.

나는 다시 춘천으로 돌아왔다. 1988년 9월 20일은 청구자의 회갑이었다. 본인 스스로 회갑이라는 말을 꺼냈을 리 만무하다. 그저 그를 사랑하는 이들이 밥이나 한 끼 먹는데, 각자 내놓을 음식 하나씩을 슬그머니 장만하자는 것이었다. 나는 송어 다섯 마리와 향어 일곱 마리를 사서 19일 아침 비닐봉지에 산소를 넣어 인사동까지 짊어지고 갔다. 그러나 내가 인사동에 도착했을 때, 그는 이미 기관지천식으로 인한 기도폐쇄로 숨이 끊어진 뒤였다.

환갑을 하루 앞둔 그 아침에, '처락'에 곯아 평생을 'Simple life, High thinking'를 세상에 알렸던 운동가는 그렇게 떠났다.

故 리영희 선생에 대한 回想

내가 인사동을 떠나 춘천에 견고하게 자리를 잡았을 무렵, 아직은 목사 안수를 받지 못했을 때니까 아마 1980년대 말쯤이었을 것이다. 인사동의 〈평화 만들기〉라는 찻집의 젊은 여주인인 해림 씨가(그는 천상병 선생이 춘천의료원에 입원해 있을 때도 하루를 멀다 하고 춘천을 오갔다) 어제 81세로 세상을 뜨신 리영희 선생을 모시고 춘천엘 왔었다. 선생은 정년하면 노년을 춘천 근교에서 보내고 싶으니 마땅한 동네를 소개하라고 하셨다.

예전에 비하면 지금의 상걸리는 그야말로 번화가다. 도로가 포장되기 이전만 해도 춘천에서 느랏재로 오르는 길은 꼬불꼬불하기 그지없었다. 알프스를 한 번도 가보지 않은 이들조차 '알프스를 오르는 느낌'이라고들 했으니 말이다. 리영희 선생을 태운 차가 상걸리로 가기 위해 먼지 폭폭 일어나는 산길을 돌고 돌아 산등성이에 올라 잠시 쉬게 되었을 때도, 선생은 아스라한 춘천 시내를 바라보시면서 '알프스 올라온 기분'이라고 하셨다. 그래선지 선생은 목적지를 보지도 않았는데 이미 춘천을 마음에 들어 하셨다.

그렇게 근 6개월여를 선생은 춘천 출입을 하셨다. 딱히 은퇴 이후의 거처만을 위한 나들이는 아니었던 것으로 기억된다. 그렇다고 또렷하게 선생의 춘천 방문에 대한 목적이 기억 나지 않는 걸로 보아 그리 중요한 의미로 출입하셨던 건 아닌 듯싶다. 여기저기 집도 보고 동네도 구경하자시는 바람에 덩달아 나도 춘천 변두리 곳곳을 누볐다. 그러면서 그 당시 한창 읽히던 선생의 책 『10억 인 중국인과의 대화』를 생생하게 육성으로 듣는 호사를 했다. 그 외에도 선생의 해박한 국제 정세 지식을 한 줄로 꿰는 혜안에 감탄을 하면서 선생의 저서 몇 권을 선물로 받았는데, 훗날 임흥빈이라는 신학교 은사가 빌려 가더니 여태 돌아오지 않았다. 임흥빈 목사가 일찍 하늘나라로 갔기 때문이다.

리영희 교수의 상걸리 정착이 왜 성사되지 않았는지는 모르겠다. 당시 그 동네 집 한 채는 대략 100만 원에서 비싸도 500만 원 안팎이었으니, 집이 비싸거나 땅이 없어서는 아니었다. 그렇다고 선생의 마음에 드는 집이나 동네가 없었던 것도 아니다. 뭔가 그의 신변에 문제가 있었던 것으로 짐작된다.

춘천에 살러 오면 시골집 관리는 '허 군에게 맡기겠다' 하시던 농담이 서늘하게 시공을 건너뛴다. 멀리서 선생의 부음소식을 듣자니, 그때 춘천에 오셨더라면 노쇠했겠지만 쟁쟁했을 마지막 모습을 가까이서 지켜볼 수 있었을 텐데 하는 안타까움이 든다.

엄두섭 목사

엄두섭 목사는 한국 최초의 개신교 수도원을 시작한 분이다. 그는 포천의 산자락에 밤나무와 동굴을 파서 수만 평의 수련장을 조성했다. 새벽 4시에 일어나 묵상과 독서를 하고, 아침 7시에 채식 위주의 간단한 식사를 한 후, 두 시간여 휴식을 취하다가 저녁 7시까지 노동을 한다. 저녁에는 채플에서 예배를 하고, 곧 침묵과 휴지의 시간을 갖는다. 그는 평양 신학교를 졸업했고, 수십 권의 영성에 관한 저서를 집필했다. '영성'이라는 언어를 한국에 유포시킨 최초의 목사이다.

그는 한겨울에도 맨발로 다닌다. 성장주의 신학에 매몰된 교회는 사람을 새롭게 변화시키지 못한다는 굳건한 자기 믿음을 가지고 있을 뿐만 아니라, 스스로 고행에 가까운 자기 통제와 훈련을 통해 성화를 촉진시킬 수 있다고 믿는 언행일치의 목회자다. 그는 고요하고 침착하며, 두려운 낯이 없고, 누구와도 자신을 비교하지 않으며, 자족의 기쁨을 안다.

그를 통해 수많은 영성신학 관련 서적들이 한국 교회 현장에 배포되었다. 그가 직간접으로 관계된 출판사는 지금 영성프로그램을 통해 목회자들의 재무장을 돕고 있다. 최일도 목사를 비롯한 많은 활동가들의 대부분이 엄두섭 목사의 영향을 받고 그를 따라 살고 싶어 하며, 실제 그를 따르고 있다. 지금은 90의 나이로, 수도원을 장로회 신학대학에 기증한 후 칩거하고 있다.

그의 존재론적 성취는 '고요 중에 일어나는 시원한 바람' 같은 영혼의 단맛을 누리며 사는 것이다. 그 속에 하나님의 현현이 있다고 믿으며, 그런 자기 체험의 연속이야말로 하나님과의 동거라고 말한다. 그는 고요하나 폭풍을 일으키고, 이름을 내지 않으나 높은 이름을 가졌으며, 가르치지 않지만 많은 이들이 가르침을 받는다.

나는 그에게서 존재의 힘을 배웠다. 나를 남과 비교하지 않는 힘, 내일을 위해 오늘을 보채지 않는 힘, 손에 잡히는 것을 위해 마음을 팔지 않는 힘이다. 둘로 하나를 지으려 하지 않고, 하나로 둘을 이루는 성취의 힘이다. 오늘날 한국에서 영성을 개인과 사회에 일치된 생활로 실천하는 이들에게 그는 언제나 도전이다.

다만, 세상 속에 존재하는 교회와 성도들에게 그의 삶과 교훈이 보편적이지 않다는 게 문제다.

포도주와 성자

영화 〈베토벤〉에 나오는 개를 혹시 기억하는 분이 있을지 모르겠다. 바로 세인트 버나드인데, 이 개 이름과 같은 '세인트 버나드'가 12세기의 영성을 주도한 아주 중요한 수도사라는 것까진 모르셨을 게다. 그 수도사의 이름인 세인트 버나드 수도원이 위치한 곳은 스위스의 발레라는 지역이다. 그곳 해발 2,500미터의 눈 속에 조난을 당한 사람을 구조하기로 유명한 개가 바로 '세인트 버나드'인 거다. 공격성이 없고 순하기 그지없고 사람을 위할 줄 알아서 지금도 발레 지역에서 이 개가 생산되고 있다. 마치 우리의 진돗개처럼 말이다.

물론 이 발레 지역엔 개만 유명한 게 아니라 버나드 수도사도 유명하다. 12세기 때부터 설원에서 수도를 시작한 버나드는, 늘 품속에 술을 지니고 다니면서 그걸로 눈 속에 파묻힌 원주민들을 구하곤 했단다. 지금도 이곳 부베에서 이탈리아 접경 지역으로 1시간 30분가량 올라가면, 고고한 수도원을 눈 속에서 만날 수 있다.

버나드 수도사의 술 이야기가 나온 김에 오늘은 포도주와 알코올 이야기를 좀 해야겠다. 지금 이곳 시간이 밤 10시 40분이니 아마도 이곳에서 쓰는 마지막 글이 될 것이다. 먼저 부탁드리는 말은, 글을 다 읽지도 않고 선입견으로 뚝딱 결론을 내리지 마시라는 거다. 지금까지 학습한 교리적인 이해와 상충된다면 다섯 번은 읽어보길 바란다. 차근차근 이성적으로 접근하시라는 거다.

대부분 교회에 다니는 사람들은 술과 포도주는 다르다고 생각한다. 따라서 예수님은 포도주는 드셨지만 술은 드시지 않았다고 믿는 경향이 있다. 그러나 우리를 제외한 모든 나라의 사람들에게 포도주는 술, 즉 알코올이다. 이곳 사람들은 아예 술 하면 포도주밖에 없는 줄 알 정도로 포도주가 지천이다.

생각해 보라. 우리는 성만찬을 할 때 빵과 포도주를 쓰는데, 이 두 식품 모두 발효시킨 것이다. 치즈가 인간 삶의 생멸을 닮았다는 이야기를 했었는데, 한편으로 이런 생각도 들었다. 예수님이 성만찬을 하실 때 피의 비유로 포도주를 쓰시고 몸의 비유로 빵을 쓰셨는데, 그러지 말고 빵 대신 치즈로 하시지 그랬나 하고 말이다. 몸의 유비로 치자면 빵보다는 치즈가 훨씬 가깝고, 발효(누룩)와 천국 말씀을 유비하자고 하셨더라도 빵보다는 치즈가 훨씬 발효의 선생노릇을 할 수 있을 텐데 말이다. 아마도 발효 때 나는 썩는 냄새 때문에 거룩을 유비하기에는 치즈보다 빵이 더 옳았을 수도 있겠다. 물론 이는 종교자연사의 입장에서 그렇다는 말이다.

고고학자인 패트릭 맥거번은 "고대나 현대 세계의 어디를 보더라도, 성체성사에 쓰이는 포도주든, 수메르인의 여신 난카시에게 바치는 맥주든, 바이킹의 벌꿀 술이든, 아마존 강 유역이나 아프리카 부족의 영약이든, 신이나 조상과 소통하는 주된 방법에 알코올 음료가 포함되어 있다."라고 했다. 이만큼 알코올은 인류사에서 사람이 신을 증명하는 증거였고, 신성한 영역에 접근하는 수단이며, 엄숙하든 즐겁든 축하의 방식임에는 틀림이 없다. 혹시 아시는가? 오늘날 우리가 잔을 들고 '건배!' 하는 구호는 초자연적인 힘을 불러내는 행위라는 걸 말이다. 물이나 우유를 들고 건배하는 사람은 없다.

우리 인류가 수렵채집문화, 즉 사냥을 하던 것을 걷어치우고 농경문화로 들어서게 된 이유도 다름 아닌 알코올을 확보하기 위한 것이라는 인류학자의 견해가 있다. 대부분의 알코올은 동물성에서 만들어지지 않는다. 식물의 당분이 인간의 경험을 바꿀 수 있는 힘을 지닌 액체로 변화시켜 알코올을 선사하는 것이다. 그래서 사냥에서 농경으로 문화를 바꿨다는 거다. 술은 사람만 먹는 음료인 줄 알지만 사실 그렇지 않다. 인간보다 동물들이 더 많이 알코올을 즐긴다고 한다. 정신병리학자 로널드 시겔은, 곤충들이 발효된 과일에 얼큰하게 취하는 것을 증명했다. 이 밖에도 새와 박쥐, 멧돼지, 사슴, 호랑이, 코뿔소 등은 고주망태가 되도록 취하는 걸 즐긴다고 한다. 더들리라는 학자는 「술 취한 원숭이 가설」이라는 논문을 통해 "인간은 알코올을 몹시 좋아하도록 진화했다"고 주장했다. 익은 과일에 흠집이 생기면 표면에 있던 효모들이 과육 속의 당분을 발효시켜 에틸알코올을 만든다. 식물이나 과일이 자체 알코올을 만드는 이유는, 강한 냄새를 만들어내서 다른 종의 먹이가 되는 것을 피하기 위해서다. 그런데 그런 냄새만을 좋아하는 동물들이 생긴 것이고, 알코올 기운에 강하게 끌린 동물들은 그런 식물을 더 많이 먹고 더 많은 새끼를 번식하게 되었다는 거다. 이렇게 식물에서 자연 생성되는 에틸알코올을 따라 인간과 동물들이 변화해 왔다는 것이다. 술은 그만큼 인류사에, 종교사에 지대한 영향을 끼친 거다.

오죽하면 그리스 신화에 나오는 디오니소스가 '포도주의 신'일까? 윌리암 제임스는 『종교적 경험의 다양성』에서 알코올을 '종교적 체험의 중심'이라고 했다. 여하튼 맨정신일 때는 엄연한 사실들과 적나라한 비판들에 짓눌렸을 인간 본성의 신비스러운 기능들을 자극하는 힘이 알코올에 있는 것은 분명하다. 술 취하지 않은 맨정신은 축소하고 구별하며 거절한다. 반면 술에 취하면 확장하고 결합시키며 승낙한다. 인간 삶 속에서 긍정의 기능들을 크게 자극한다는 말이다.

그러나 앞에서도 말씀드렸듯이, 알코올은 식물이 다른 종의 먹이가 되지 않으려고, 또 먹이 경쟁에서 지지 않으려고 내뿜는 독소이다. 알코올에 취하는 게 인간의 긍정적인 기능에 유효하기도 하지만, 반대로 공격적이고 반사회적인 행동을 유발하기도 한다. 그래서 많은 사회에서 음주를 주의 깊게 규제하는 게다. 우리가 말하는 알코올의 긍정적인 측면은 모두 맞는 말이다. 우리가 말하는 알코올의 부정적인 측면도 모두 맞는 말이다. 이 똑같은 분자가 사람을 폭력적으로 바꿀 수도 있고, 유순하게도 할 수 있다. 정욕을 느끼게도 하고 반대로 무관심하게도 할 수 있다. 알코올에 취하면 말이 많아지기도 하고 조용해지기도 한다. 행복해 하기도 하고 우울해 하기도 한다. 흥분하기도 하고 차분해지기도 한다. 설득력이 강해지기도 하고 멍청해지기도 한다. 알코올은 수많은 신경회로에 영향을 미치기 때문에 사람 대 사람, 집단 대 집단, 심지어는 문화 대 문화에 미치는 영향이 매우 가변적이다. 그리피스 에드워드라는 이는 "술은 사회적으로 더 유용하고 덜 위협적인 약제"라고도 했다. 여하튼 이 모든 명제들을 총합하는 결론은, '문제는 알코올이 아니라 사람'이라는 거다.

거북선과 언더우드

교회 다니는 사람이면 누구나 '언더우드'라는 이름을 들어봤을 것이다. 그는 1885년 4월 5일 아펜젤러와 함께 제물포로 들어온 최초의 미국인 선교사다. 그가 어떤 선교적인 족적을 남겼는지에 대해 말하려는 게 아니다. 아시는가! 언더우드가 우리의 거북선 모형도를 그린 최초의 사람이라는 사실을! 그는 거북선의 모형도만 그린 게 아니었다. 다음과 같은 연구 결과를 세상에 내놓기까지 했다.

거북선의 양옆에는 한쪽에 10개씩의 노가 있으며, 노의 위치는 선체구조상 있을 만한 자리에 필자가 임의로 정해서 놓아보았다. 이것을 너무 낮게 설치할 경우 물에 너무 잠길 것이며, 너무 높을 경우 이것이 갑판과 부딪혀서 조작이 어려워질 것이다. 노의 크기 등을 고려할 때에 노꾼 두 사람 가운데 한 사람은 앉아서, 나머지 한 사람은 서서 노를 저었을 것이다. 이와 같은 추정 외에 생각할 수 있는 대안은 노꾼들의 위치를 포열 갑판으로 놓아보는 방법이다. 그러나 이 경우는 거북함의 전투 행위에 많은 지장을 줄 뿐만 아니라 노는 불가능할 정도로 길어야 하며, 또 노와 물과의 각도가 너무 직각이 되어 실용성에 의문이 생길 수밖에 없다.

선교사 언더우드, 미국인으로서 한국의 거북선을 최초로 연구하고 모형을 그린 문화연구가 언더우드, 사람 꼬드겨서 교인 만드는 일만이 '선교'로 전락한 이 시대의 진부한 '종교'가 부활절 언저리에서 통렬히 사고할 내용이다.

비밀의 오솔길

오늘 비밀의 오솔길을 걷다가
참나무 구멍 사이로
묘하게 자라고 있는 버섯 3형제를 만났다.

그런데 버섯이 마치
물을 내듯이
나무줄기 하나가 텅 빈 구멍에서 나와서
밑으로 연결되어 있었다.

생명이란 참 묘하게 어울리는 신비다.

공정여행 fair travel

나는 커피 맛을 모른다. 남들이 커피를 마실 때 나는 차를 마신다. 집에서는 보이차나 교우들이 건네주는 중국차를 마신다. 근사한 찻상도 있다.

사람들이 커피를 물만큼 많이 마시게 된 이후로 듣게 된 사회적 용어가 '공정무역'이다. 커피의 원료인 원두의 대부분이 아프리카나 남미에서 생산된다. 그런데 커피 재배며 생산 가공에 동원되는 인력이 어린아이와 부녀자다. 사회경제 기반이 열악하기 때문에 아이들이 노동에 내몰리는 것이다. 이것을 부자나라에서는 싼값에 사다가 비싸게 팔고 있다. 이런 나쁜 구조를 고쳐서, 아이들이 노동한 대가만큼 임금을 받도록 '공정'하게 거래를 하자는 것이 쉽게 말해 '공정무역'이다. 물론 농약을 사용하지 않은 좋은 원재료를 구입하자는 뜻이기도 하다. 생산자와 소비자가 믿고 거래를 할 뿐만 아니라, 생산자가 중간상인보다 더 많은 몫을 갖게 됨으로써 지속적으로 좋은 상품의 생산과 소득을 유지하도록 해주는 게 소비자 입장에서도 좋다는 것이다.

이렇게 '생산자와 소비자가 대등한 관계를 맺자'는 공정무역fair trade에서 따온 개념이 '공정여행'이다. 지난 월요일 서울서 춘천으로 돌아오는 경춘고속도로는 휴가를 가는 자동차들로 인해 길이 엄청 막혔다. 이렇게 즐기기만 하는 휴가나 여행에서 초래하는 환경오염, 문명파괴, 낭비 등을 반성하고, 어려운 나라의 주민들에게 조금이라도 도움을 주자는 취지에서, 2000년대 들어서면서 유럽을 비롯한 영미권에서 추진되어온 게 이른바 '착한여행' 또는 '공정캠프'다.

얌체처럼 먹고 자는 것을 모두 싸가지고 가서 쓰레기만 여행지에 남겨둠으로써, 그 지역민들은 쓰레기 치우는 일만 하게 되고, 결과적으로 지역의 맛난 음식점이라든지, 역사관이라든지, 아름다운 장소는 점차 없어져야 하는 구조로 여행을 하지 말라는 것이다. 우리가 가는 그곳이, 그 맛집이, 그 관광명소가 있어야 다음에도, 내 후손들도 어디론가 휴가를 가고 여행을 할 수 있잖은가? 그렇다면 그 장소, 지역, 맛집을 살려야 한다는 뜻이다. 여행을 가는 나도 좋고, 그곳 주민이나 업소도 함께 기뻐할 수 있는 여행을 하자는 게 바로 공정여행이다. 이는 모두 이 시대의 사회적 아이콘으로 등장한 '공유경제'의 한 적용이기도 하다. 관광산업은 전 세계적으로 매년 10퍼센트씩 성장하지만, 관광으로 얻어지는 이익의 대부분은 G7국가에 속한 다국적기업에 돌아간다. 그러므로 공정여행을 통해 현지인이 운영하는 숙소를 이용하고, 현지에서 생산되는 음식을 구입하는 등, 지역사회와 사람을 살리자는 취지다.

국내에서도 봉사와 관광을 겸하는 공정여행에 대한 인식이 날로 커져서 '나만큼 남도 생각하고 배려하고 나누는' 흔들이 있다는 것이니, 하늘나라는 교회 안에서가 아니라 날로 교회 밖에서 자란다고 할 수 있다.

세상은 점점 '공정'을 말하고 실천하는데, 교회는 더욱 '불공정'한 담을 쌓고 있다.

적的

사위와 손녀가 지난 화요일에 스위스로 돌아갔다. 70여 일 동안 손녀 '나루'도 많이 자랐고, 갓 태어나 코가 뭉툭하던 진돗개 한 쌍도 외견상 성견이나 진배없을 만큼 컸다. 진돗개 이야기를 꺼내는 것은, 그놈들도 사위를 따라 스위스로 이주했기 때문이다. 첫 땐 강아지들을 데려다가 온갖 예방접종을 하고, 면역력 생성 유무를 국립동물검역원에서 마치고, 그 서류를 바탕으로 스위스에다가 사전 동물 수입허가서를 요청하느라 꽤 시간이 걸렸다. 수차례 동물병원에 드나들며 겪은 이야기도 한 보따리는 된다. 여하간, 그렇게 해서 지난 화요일에 '풀롬'과 '미엣'은 인천공항에 도착했다. 공항 동물검역소에서 출국서류를 받아야 하겠기에 커다란 케이지에 담긴 개를 태우고 검역소 안으로 들어섰다. 그동안 갖춰진 서류를 내보이는데 불쑥 '진돗개 혈통증명서'가 따라나왔다. 그 문건을 보던 검역원이 순간 얼굴이 굳어지면서 "이 개 문화재청에 신고했습니까?"하고 물었다. "무슨 신고요? 서류를 만드는 동안 그런 이야기는 못 들었는데요?" "진돗개는 국외 반출을 할 때 문화재청에 신고를 해야 합니다." 일순간 우리는 모두 굳어져버렸다. 모든 게 헛수고로 돌아가는 순간이었다.

우리 얼굴을 건너다보던 검역원이 내게 물었다. "혹시 수의사십니까?" "아닙니다. 목사입니다. 그리고 이들의 장인이며 할아버지가 됩니다." 나는 '설쥐'와 '나루'를 가리켰다. "아니, 그럼 이 어려운 서류들을 민간인인 목사님 혼자서 쫓아다니며 갖췄다는 겁니까?" "그렇습니다." 잠시 침묵이 흐르고, 검역원이 나를 보면서 말했다. "이렇게 전문'적'인 것을 민간인이 하셨다니 놀랍습니다. 우리나라에서 스위스로 개가 나가기는 처음이고, 문화재청에 관한 문제는 우리 소관이 아니니 출국 허가서는 만들어드리겠습니다." 검역원이 쓱쓱 서류를 준비하는데 족히 30분은 걸리는 것 같았다. 서류를 만들면서도 연신 "이 개가 스위스로 나가는 처음 개입니다."라고 말했지만, 나는 그 말을 듣는 둥 마는 둥 하고 있었다. 다른 생각에 빠져 있었기 때문이다. 문화재청에 신고를 해야 한다고 했을 때, 그 난감한 순간에 우리를 구원해 준 말 중에 섞여 있던 그 '的' 때문이다.

'的'자는 기형적이다. 이 '적'은 아무 말에나 붙어 다니면서 모든 의미를 모호하게 만든다. 마치 여자의 앞가슴에 체면 유지로 붙어 다니는 브로치처럼 조금은 고귀한 기생물이다. 사람들은 아무데나 이 편리한 '的'자를 갖다 붙임으로 연막을 치기도 하고, 유식을 포장하려고도 한다. 브리태니커 사전을 찾아보면, 이 '的'은 영어의 'tic'에 해당하는 게 아니라 'of'와 같이 소유의 뜻을 나타내는 말이라고 되어 있다. 이 낯선 손님을 대접하기 위해 일본의 명치유신(明治維新 도쿠가와 바쿠후德川

幕府를 붕괴시키고 왕의 친정 형태의 통일국가를 형성시킨 근대 일본의 정치·사회적 변혁)

때 어느 학식 있는 이가 그 'tic'의 음인 '틱'과 비슷한 '테끼的'란 한자를 들이댔다. 그것이 그만 본래 'tic'의 세력보다 월등한 쓰임새로 세상을 활보하고 있다. 모든 것을 '的'으로 이야기하는 '인텔리'들에게서 이 말을 빼면 남는 게 별로 없을 것이다.

그러나 어쩌랴! 액세서리accessory가 된 언어 덕분에 참 감동'틱'한 사건으로 회자될 일이 생겼으니! 내가 동물병원 수의사 선생님처럼 인텔-'릭'intell-'ec'하게 보인 탓에, 한국 역사 최초로 진돗개 두 마리가 스위스에 입양되었으니, 나야말로 너무나도 인간'적'으로 로맨'틱'한 존재가 아닌가. 진돗개 두 마리가 레만호를 노닐며 나눌 '러브 스토리'를 상상해 보시라, 내 말이 어찌 과언이랴! 찰리 채플린은 20여 년간 레만호에 머물며 "석양의 호수, 눈 덮인 산, 파란 잔디가 행복의 한가운데로 이끌었다."고 회고했다. 몽트뢰Montreux, 모르쥬Morges, 로잔Lausanne, 제네바Geneve는 스위스 레만호에 기댄 도시들이다. 마을이 뿜어내는 매력은 단아하고 신비롭다. 호수 북쪽에는 예술가들의 흔적이 담겨 있고, 남쪽으로는 프랑스 에비앙의 알프스가 비껴 있다. 도시와 호수 사이로는 정감 넘치는 스위스 열차가 가로지른다.

'사람'과 '인간'

'사람이 뭐 저러냐?' 요즘 내가 '사람'에 대해서 숙고할 때 일어나는 생각들이다. 결국 이 사고思考의 마지막 가치 기준이 '사람'에 두고 있다는 데 대해서는 적어도 안심이 되지만, '이 인간아' 하지 말라는 법도 없으니 그게 염려가 된다.

왜냐하면 '사람아' 하는 말과 '인간아' 하는 말은 그야말로 그 의미 면에서 하늘과 땅만큼의 차이를 지니고 있기 때문이다. '인간' 또는 '인간적'이라는 말은 타락한 말이다. 산길을 가다가 갑자기 짐승이 숲에서 뛰쳐나올 때 우리는 "사람 살려!" 한다. '나 살려' 또는 '인간 살려' 하지 않고 '사람 살려'다. 이때의 '사람'이라는 말 속에는 '이렇게 되어서는 안 되는 것'에 대한 진실한 자기반성이 내포되어 있다. 생각해 보라. 운전을 하다가 신호에 걸렸을 때, 교통순경을 보고 하는 말은 "인간적으로 한 번만 봐 주소."이다. "이 사람을 한 번만 봐 주세요." 하지 않는다. '인간적'으로 봐 달라고 한다. 그때는 왜 자신을 두고 '사람'이라고 하지 않고 '인간' 또는 '인간적'이라고 할까?

'인간적'이라는 단어는 '사람'이라는 언어가 타락한 말이다. 이미 신뢰와 기대가 사라져버리고, 오로지 거래의 관계로 돌아섰음을 뜻하기 때문이다. "아, 인간적으로 한 번 봐주시오." 이때의 인간적이라는 말은 진정, 정성, 진실, 정의, 이치와는 오히려 반대되는 뜻으로 타락의 용어가 되는 것이다. 사람人에게 틈間이 생겼다는 것이다.

'사람'이었다가 '인간'으로 돌변하는 세상이다. 또는 그 반대의 경우도 있다. '인간'으로 맺어졌는데 '사람'의 인연이 되는 경우다. 아무튼 '인간적'으로 해야 하는 일은 여간 고통스러운 게 아니다. '도대체 사람답게 사는 것은 무엇인가?' 이게 서울 길을 떠나는 오늘의 화두이다.

피카소에게 배우라

예수와 예루살렘과는 대극이다. 나사렛이라는 출신 동네 자체가 별 볼 일 없는 마을인데다 주 활동 무대는 갈릴리며, 상대했던 사람들은 주변부 인생들이었다. 반면에 예루살렘은 주류 인간들이 살던 사회의 중심부였다.

'중심주의적인 이데올로기'라는 게 있다. 예컨대, 예수 당시의 예루살렘처럼 부, 지배, 권력 등을 가장 중요한 가치로 여기고, 그런 가치들을 체계적으로 추구하면서 주변부를 무시하는 이데올로기가 곧 '중심주의적인 이데올로기'다. 오늘날의 사회는 무의식적으로, 또는 노골적으로 이러한 중심주의적 이데올로기를 추구한다.

그러나 예수는 주변성을 바탕에 두고, 이에 배치되는 중심주의적인 이데올로기를 악한 것으로 파악하며, 그것을 폭로하고, 신앙고백적으로 자신의 주변성을 고수해 왔다. 이것이 예수의 '하나님나라 공동체'였다. 예수는 중심주의 이데올로기에 강력하게 저항했다. 그가 살았던 삶을 중심주의 이데올로기에 대응하여 표현하자면, 가장자리 이데올로기 또는 주변부 이데올로기라고 할 수 있다.

그런데 오늘날 교회, 목사, 교인들은 예수의 가장자리 가치를 외면하고 중심주의적인 이데올로기에 함몰되어 있다. 중심에 들어가려고 기를 쓴다. 애시 당초 예수가 확립한 주변부적인 가치를 자발적으로 중심주의 이데올로기에 갖다 바침으로써 항복한 것이다.

피카소의 그림을 보라. 그는 대부분의 그림쟁이들이 그러하듯이 정면에서 사물을 보는 시선을 벗어난다. 때때로 그의 그림이 추상적이라거나 난해하다는 이들도 있으나, 그것은 다층의 시야를 갖지 못한 '외눈박이' 또는 '중심주의 이데올로기'에 취한 이들의 어리석은 푸념이다. 피카소는 우측, 좌측, 위, 아래, 뒷면, 정면 등 여섯 개의 시선을 동시에 하나의 화폭에 담는다. 그래서 그의 그림이 천체적인 것이다. 아니, '예수적'이라 하겠다.

오늘날 교회는 피카소의 그림 작법을 면밀히 통찰해야 한다.

업業에서 원願으로

세상에는 물에 빠져 살려달라고 애걸하는 사람도 있고, 뛰어들어 건져주는 사람도 있다. 생로병사에 끌려다니는 사람도 있고 생로병사를 풀어주기 위하여 "내가 이를 위하여 이때에 왔나이다." 하고 생로병사 속에 뛰어드는 사람도 있다. 하나를 업業이라 하고 다른 한쪽을 원願이라 한다. 업은 뭐고 원은 뭔가. 빠지고 건지는 차이다. 그러면 그 차이는 어디에 있을까. 오직 배움에 있다. 배우면 뜨고 못 배우면 빠진다. 물에 빠진 사람을 건져주는 이런 사람은 어디 있는가? 세속의 물에 빠지지 않고 물 위에 떠 있는 사람을 만난 적은 있는가?

내게 사상思想이랄 게 뭐 있으랴만, 숨 붙이고 살아가는 목숨치고 의식과 의미를 지우는 감성이며, 시간과 공간을 초월하는 인간 영혼의 중요한 측면이 왜 없을까. 그걸 '사상'이라고 할 수 있다면 난들 왜 그게 없을까. 그러나 삶이 변변치 못해 여태 "당신의 사상은 뭐요?" 하고 아무도 내게 묻지 않으니, 통 세상에 '내 사상은 이거요' 하고 말 걸어볼 기회가 없었다.

그런데 오늘 아침, 그 기회가 마침내 왔다. 한겨레신문에 실린 채현국 선생의 인터뷰 기사에서다.

나는 그 어른을 1984년 인사동에서 만났다. 그리고 그의 집에서 자기도 하고, 그분이 다니는 길의 뒤에 서기도 했다. 그는 북한에 관한 자료를 구하기 위해 한림대 극동문제연구소를 오시면, 가난하고 초라한 샘밭 우리 집에 머물기도 하셨다. 1987년 다시 신학을 하게 되었을 때, 어느 기관지에 썼던 칼럼에서 나는 "기독교의 교리와 휴머니즘 둘 중에 하나를 고르라면 '휴머니즘'을 선택하겠다."고 할 만큼 인간, 삶, 역사, 사회, 민족의식과 미래에 대한 사유의 씨앗들을 채 선생의 인품에서 영향 받았다. 알게 모르게 나는 그분처럼 말하고 생각하고 실천하고 살려고 했던 것 같다. 드디어 내가 '업'에서 '원'으로 넘어가는 길목에 섰던 것이다.

목사가 되려는 자가 유명하고 성공한 목사를 흠모했던 게 아니라, 키 작은 '철학자' 한 분을 경외함으로써 그때부터 내 '사상'이 싹트기 시작했다.

패랭이꽃 한 송이

횡성군 강림면 월현리 1387번 지. 횡성의 태기산에서 시작된 물줄기가 영월의 서강으로 흘러가는 그곳에 내 고향이 있다. 강을 끼고 우리 집이 있었기 때문인지, 사계절을 개울에서 살았다. 여름은 말할 것도 없고, 봄가을에는 족대로 물고기를 잡았다. 겨울에는 동무들과 쩡쩡 소리를 내며 두꺼워지는 얼음판에서 노느라 해는 언제나 짤막했다.

몽실몽실한 강 돌멩이가 알맞은 온도로 데워지는 봄 강변에는 패랭이꽃이 지천으로 피었는데, 흡사 메꽃을 닮았던가. 어찌 보면 나팔꽃 같기도 했다. 가냘픈 대궁에 피어올린 흰색과 연한 자색의 그 빛깔이 고와서 패랭이꽃만 보면 흥분되던 어린 시절이 이 나이에 회상되는 것은, 며칠 전 어머니를 뵙고서다.

어버이날이니 나도 카네이션을 한 송이 사야 하나 말아야 하나 고민을 하는데, 문득 내 고향 봄 강변에 널리 폈던 패랭이꽃이 떠올랐다. 그 꽃이라면 어머니가 옛날 생각도 하고 아주 기뻐하실 텐데…. 하기야 카네이션도 패랭이꽃과 같은 석죽과가 아닌가! 꽃의 꽃받침과 꽃잎 모양이 옛 상인들이 머리에 쓰고 다녔던 패랭이와 닮아서 패랭이꽃이라

했다지 아마? 그러니 카네이션 대신에 패랭이꽃을 부모님께 바쳐도 무방한 일이겠다. 또 카네이션도 아니고 패랭이꽃도 아닌들 무슨 대수일까! 카네이션으로 획일화한 이 시대 인간들의 표상이 문제지.

나이가 드니 패랭이꽃을 달아드려야 할 고마운 분들도 점점 늘어간다. 나와 함께 성암교회의 30년 삶을 지탱해 주신 교우들도 그중 하나다. 특히 나이 많으신 교우들, 그분들은 알록달록한 교리로 신앙의 깊이를 재거나 무게를 달지 않고 언제나 나를 받아주셨다. 특별히 기억되는 일도 있다. 내가 아직 목사가 되지 못하고 있던 시절, 어느 장로님은 적금을 탔다고 하시면서(아마 내 기억으론 1,500만원이었을 거다. 25년 전쯤 일이다.) '한적한 시골집이라도 하나 사서 거기서 책도 읽고 글도 쓰시라'는 파격적인 제안을 하셨다. 물론 받아들일 수 없는 일이었다. 수년이 지난 어느 날 장로님이 "그때 그 돈을 목사님이 받아쓰지 않아서 우리가 어려워졌다."고 했을 때 "그랬어야 했나?" 했던 기억도 알뜰하다.

내가 월요일마다 설교를 위해 나가는 서울 〈블루독 베이비〉의 오너가 운영하는 〈꼴라 메르까또〉라는 아주 유명한 이탈리안 레스토랑이 있다. 배우 장근석의 단골 레스토랑이라는 소문이다. 압구정 무슨 은하수 거리인가에 있는데, 한 번 그 집에서 식사할 기회가 있었다. 호사스러운 요리들을 먹다가 '이 집에 우리 교우들을 모두 초청하여 밥 한 번 대접하고 싶다'는 생각이 들었다. 물론 그러려면 많은 돈이 들 것이다. 그렇다고 꿈도 못 꿀까. 거기서 근사한 밥 한 번 사드릴 수 있다면 얼마나 좋을까! 패랭이꽃 대신에 말이다.

매실

매실나무를 '母木'이라 합니다.
어미가 되는 나무라는 뜻이지요.

오늘 아침 두 그루의 매실나무에서 매실을 땄습니다.
마치 어미의 젖꼭지같이 달라붙어 있었지요.
한 바가지입니다.

매실을 따면서
'생명이라야 생명을 낳는다'는 말이 지어졌습니다.
매실을 따던 나도 '의식의 열매' 하나를 건집니다.

생명은 생명을 낳는다!

1998년 6월 2일에 나는

홍신자라는 춤꾼의 나이가 지금 몇일까? 어디에 살고 있을까? 문득 주마등처럼 그녀와 얽힌 이들의 이름과 얼굴이 어른거린다. 독특한 춤을 추던 그녀는 도인 석지현이라는 이와 교류하고 있었다. 초기의 책 두어 권도 두 사람의 공동 작업이었던 걸로 기억된다. 그 석지현이 얼마간 춘천에 머물렀던 적이 있다. 1998년 즈음이다.

그해 초여름, 영화감독 이장호가 석지현을 만나기 위해 춘천에 왔다가 저녁을 같이하는 자리가 마련되었다. 어느 찻집의 골방에 틀어박혀서 밤새 영화이야기를 들었다. 그에게 영화를 만드는 작업은 기예라기보다는 '도'라는, 뭐 그런 이야기였다. 그래서 석지현을 찾아 나섰다고 했던가?

오늘 아침 문득 그들이 생각난 것은 책 때문이다. 그동안 〈서양〉이라는 아동복회사에서 월요일마다 전했던 이야기들을 책으로 묶는 작업이 막바지에 달했다. 그런데 편집자가 글의 마지막 부분에 저자에게 던지는 질문들이 있다. 예를 들면, "홀로서기가 가능해야 비로소 만남이 가능해지지 않을는지요?" 하고 물으면, "홀로 선다는 말은 '기계적이지 않다'는 말이다. 홀로 서는 것은 '자아를 따라 움직이는 것'이요, '의식을 가지고 행동한다'는 것이다. 그러면 필연적으로 우주만물과 만나게 된다. 그게 만남이다." 이런 식으로 내가 대답하는 것이다. 약간은 선문답 같다. 그러려니 자주 2층 서고를 기웃거리게 된다.

그러다가 막스 피카르트의 『침묵의 세계』라는 책을 뽑아 들었다. 첫 장을 열었더니 책에 이렇게 쓰여 있다. '영화감독 이장호 님과 황토마을에서 만나던 날. 1998.6.2.' 그리고 내 이름이 휘갈겨 있다. 1980~1990년 그 시절에 나는 무슨 의미 있는 날이나 사건, 또는 어디를 방문하면 그 기념으로 책을 사서 속장에 몇 글자씩 써 넣었다. 거기 묻혀 있던 이름들 이장호, 홍신자, 석지현… 한동안 잊고 지냈던 과거다. 과거가 잊히니 과거의 사람들도 숨죽여 있을 수밖에.

그렇게 읽은 책의 맨 마지막엔 독후감이 간략하게 적혀 있다. 『침묵의 세계』에서 막스 피카르트와 나는 다음과 같은 대화를 나누었다.

사계절의 언어와 자아와 신화와 사랑, 예술과 희망, 너와 나의 몸짓이나 자연과 사물들이 침묵을 바탕으로 삼지 않을 때 얼마나 상하는가를 느낀다. 아니 세상의 만물이 침묵을 바탕삼아 얼마나 많은 것들을 흡수하는가를 알게 한다. 실리와 유용의 저편에 있는 침묵이, 사실은 가장 먼 데까지 퍼져나간 가장 성숙한 존재의 대지라는 걸, 침묵을 맛보지 않은 자는 모를 일이다.

므깃도

나무는 언제나 하늘로 올라갈 준비가 되어 있다.
땅이 흔들리고 바다가 꺼지고 하늘이 무너지는 종말이 오면 나무는
깊이 땅속에 묻혀 화석이 되고 석탄이 되고 무연탄이 되고 금강석이 되어
돌보다도 더 굳고 금보다도 더 귀한 보석이 될 준비가 되어 있다.

나무는 사람을 상대하지 않고
자연을 상대하지 않는다.
나무는 다만, 하늘만을 상대한다.

내가 없는 나무, 나무는 언제나 영원한 생명을 호흡하고 있다.
영원한 햇빛을 땅에서 올라온 물에 녹여서,
산소는 뿜어내고 탄소는 들이마셔 차곡차곡 쌓아 올려
아름드리 나무가 된다.

집도 짓고
책상도 짜고
그릇도 만들고 장작도 된다.

그리고 때가 되면 언제나 불이 되어 하늘로 올라간다.

나무에게는 죽음이 없다.
불이 되어 하늘로 올라가는 것뿐이다.
그것이 가지건 잎이건,
모두 나무와 함께 부활하여 승천하는 것뿐이다.

나도 오늘만큼은 '가난'하다

'오늘 아침에 딴 물미역 한 상자를 택배로 보냈으니 바다 냄새나 맡아보세요.' 울릉도에서 장대원

아침에 받은 휴대전화의 문자 메시지 내용이다. 장대원은 우리 교회의 식구가 아니다. 다른 교회에도 다니지 않는다. 그는 기독교보다는 불교에 더 호감을 갖고 살지만 '불교인'도 아니며, 행여 그가 기독교에 호감을 가졌다 할지라도 '기독교인'은 될 수 없었을 것이다. 그것이 그의 정신이다.

우리 교회에는 나 말고 그를 아는 이들이 제법 많다. 그를 아는 정도를 지나 그를 좋아하고, 그의 삶을 흠모하거나 동경하는 이도 있다. 그와 잠깐이라도 함께 있어본 사람들은 그에게 반하고 만다. 뭐랄까, '가난한 행복'이 뭔지를 그를 통해 알게 되기 때문이다. 나는 그를 '희랍인 조르바'라고 생각하는 때가 종종 있다.

그의 직장은 언론사였다. 아내도 있고 공부 잘하는 아들과 딸도 있다. 종가집의 종손이기도 하다. 그런 그가 마흔이 조금 넘은 나이에 회사를 그만두었다. 퇴직금으로 받은 일체를 아내에게 던져놓고, 그는 세상으로 나왔다. 그리고는 동가숙서가식 하면서 산다. 닥치는 대로

일을 하지만 그의 노동 행위는 '더 벌기 위해서'가 아니다. 그저 살아 있음으로 하는 '생명' 행위로서의 노동이고, 많거나 적거나 감사함으로 받아 적절하게(이 단어는 그의 삶에 가장 아름다운 단어다) 그리고 아낌없이 쓴다.

지난번 우리 교회 교우들 몇몇과 울릉도를 방문했을 때도 그는 오랜 친구들을 만난 것처럼 처음 보는 이들을 환대해 주었다. 그가 사람을 공경하는 것을 보면 지나치다 싶을 만큼 진실과 사랑이 넘친다. 유난히 눈이 많이 내린 지난겨울에는 자발적으로 절간으로 들어가 한겨울 내내 눈만 쓸었다는 이야기에는 존경심이 절로 생겨났다. 그저 눈 쓸어내는 일이 전부였으니 지난겨울 춘천에 내린 눈이 열네 번이라는 것까지 세고 있었다. 그 '열넷'이라는 숫자는 그에게 축복이다. 그러다가 봄이 되자 그는 울릉도로 갔다. 지천으로 덮이는 산나물이며 막 피어오르는 바다나물이 그립기도 하거니와, 봄에는 산사에 눈이 내리지 않기 때문이었다. 그런 그가 오늘 아침 바다에 들었던 모양이다. 문자를 받고 전화를 넣었더니 이거니 저거니 군말 없이 하는 말이 "3일 동안 명이나물 밭을 맸더니 20만 원이나 벌었네. 그래서 그만 바다와 놀았지."다.

"가난한 사람이 복이 있다(눅6:20)"고 예수님이 말씀하셨다. 그러나 오해하지 말아야 한다. 가난하게 '사는 것'이 복이라는 말씀이 아니다.

가난하게 사는 것은 그대로 가난이다. 복이 있다는 의미의 가난은 삶의 형편을 두고 하는 말이 아니라, 가난하게 사는 '사람'을 이르는 말이다. 가난하게 '사는 사람'이 복이 있는 것이다. 세상엔 많이 갖고도 가난하게 사는 사람이 있고, 적게 갖고도 가난하지 않게 사는 사람이 있다. 그가 보낸 물미역을 기다리는 나도 오늘만큼은 '가난'하다. 그러므로 복이 있다.

사람은 무한을 만나야
사람이 된다

밀알은 땅에 떨어져서 땅과 만나야 하고, 사람은 하늘에 떨어져 하늘과(하나님과) 만나야 한다. 하나님을 만난다는 말은 무한과 만난다는 말이다. 땅은 밀알에게 무한이고, 하늘은 사람에게 무한이다.

안자顏子는 공자를 만났을 때 공자 속에서 무한을 느꼈다. 안자가 무한을 느끼자, 그도 공자처럼 성인의 반열에 들었다.

무한을 만날 때 인간은 진실로 행복해진다. 예수의 제자들이 처음에는 예수에게서 무한을 알지 못했다. 그토록 하늘을 가리키며 무한을 손짓했어도 그들은 땅만 보고 땅만 찾았다. 그러다가 드디어 무한과 만나는 순간이 왔다. 그들은 그 즉시로 무한의 존재들이 되었다. 그리고 하늘에서 뚝뚝 떨어지는 행복에 빠졌다.

선생이 무한하면 스승이 되고, 무한하지 못하면 스승이 못 된다. 스승을 만나면 제자요, 스승을 만나지 못하면 제자가 되지 못한다. 사람은 무한을 만나야 사람이 된다. 무한을 만나지 못하면 사람이 아니라 땅에 떨어져 썩어버린 밀알이다. 세상에서 믿음을 찾아보기 어려운 것은 무한을 만나지 못했기 때문이다.

그러면 무한은 어디 있는가? 그것은 유한 속에 있다. 유한과 함께 있다. 바로 이것, 유한 속의 무한을 보는 것이 견성見性이다. 그 견성으로 가는 길을 찾아 유한한 존재들이 무한의 뜰을 걷는 것이다. 아니, 무한의 허공에 던져지고 던지는 것이다. 사람은 무한을 만나야 사람이 된다.

믿는 대로 살 때 일어나는 일

지난달 모로코에 갔다가 자비량 평신도 선교사를 만났다. 그는 다니던 교회는 있지만, 교회로부터는 일체의 지원을 사양하고 이슬람권에서 무역을 하면서 9년을 살았다. 왜 교회에 소속을 두고 지원을 받지 않느냐고 했더니, '실적주의'에 매이고 싶지도 않고, 자기가 믿고 해석하는 하나님과 예수에 대해 간섭받기도 싫어서라고 했다.

이를테면, 그가 보기에 한국 교회의 목회자들은 인간 개개인의 영혼이 진보하여 예수를 닮도록 신앙을 가르치고 보여주는 것 같지 않다고 했다. 그저 성과주의의 거미줄에 걸린 '사업가'의 수완을 십자가로 가리고 있다는 것이다. 그러면서 그는 자신이 머나먼 모로코에 살면서 어떻게 그리스도를 전하며 살고 있는지를 들려주었다.

그의 말에 의하면 이슬람은, 다른 지역은 어떤지 모르지만 모로코는, 우리가 생각하는 것처럼 이방인 또는 이방 종교에 대해서 결코 극단적인 배타주의가 아니라고 했다. 그들이 판단하는 기준은 항상 '믿고 따르는 바가 삶의 신실함을 동반하느냐'에 있다는 것이다. 예를 들면, 그가 공원에서 성경책을 읽으면 대부분의 모로코 사람들은 그에게 관심을 보인다.

"무슨 책을 읽고 있어요?"
"성경이요."
"성경이 뭐예요?"
"당신들이 읽는 코란과 같은 경전이에요."
"거기는 누가 나와요?"
"하나님의 아들 예수그리스도요. 물론 하나님도 등장해요."
"우리하고 비슷하네요. 계속 들려주실 수 있어요? 아니, 저녁 때 당신 집으로 가도 돼요?"
"그럼요. 얼마든지 오세요."

그날부터 이슬람교도는 평신도 선교사 댁을 드나들기 시작한다. 선교사는 성경 이야기, 자기가 그리스도를 믿고 변화된 이야기 등을 그에게 들려주는 데 대략 3~4개월 걸린다. 성경이야기가 거의 끝날 무렵이 되면 이슬람교도는 선교사에게 말한다.

"그동안 말씀하신 것들을 삶에서 보여주실래요?"

그리고 그는 선교사가 했던 믿음의 이야기들을 삶을 통해 실제로 그렇게 사는지 아닌지를 한 6개월 쫓아다니며 관찰한다. 어떤 때는 돈을 꿔달라 하기도 하고, 어떤 때는 어려운 사람을 데려오기도 하면서 말이다. 그렇게 한 6개월쯤 지나면 그 이슬람교도가 말한다.

"당신이 사는 거 보니까 믿는 대로 사는 것 같다. 그래서 나도 당신이 믿는 그 하나님을 믿어보겠다."

그는 즉시 성경을 가져가 탐독을 했고, 지금은 사람들의 눈을 피해 프랑스에서 신학공부를 하고 있다. 그런 사람들, 그런 방식으로 평신도 선교사를 통해 '하나님을 믿겠다'고 한 이들이 몇몇 드러내기 어려울 만큼 된다고 했다. 그는 말했다.

"이러니 어떻게 한국 교회가 바라는 대로 따박따박 올해는 몇 명, 내년에는 몇 명, 전도할 거라고 할 수 있겠어요. 삶을 통해 내가 믿는 대로 사는 걸 보고 나서야 발을 옮기는 사람들인데요. 한국 교회가 바라는 것처럼 그런 식으론 전도가 되지 않아요. 한국에선 전도하는 사람이 똑바로 사는지 아닌지, 그가 믿는 대로 생활하는지 아닌지를 묻지 않잖아요. 무조건 몇 명 교회로 데리고 오면 상 주고 추켜세우고 그러잖아요."

그러면서 뼈 있는 말 한마디를 툭 던졌다.

"저는 이곳에 와서야 전도가 뭔지 알았어요. 그건 내가 믿는 대로 사는 삶이에요."

속도와 방향

서까래가 보이시는가?
저게 속도인가, 방향인가!
종교는, 기독교는 그럼 뭘까?

속도일까,
그럴 리 없다,
그럼 방향이다.

기독교는 '방향'이다.
그러나 작금의 기독교는 방황하고 있다.

전북 김제시 서면의 금산교회 내부 모습

서까래 밑에
통렬히 무릎을 꿇어야 한다.
오래 그리고 길게!

목사와 중과 무당

만화영화 『사이비』의 마지막 장면이 관람자들을 곤혹스럽게 했을 것이다. 기독교 신앙에 반대하여 광기의 폭력을 휘두르던 주인공도, 거룩과 진실을 팔던 목사와 장로도 모두 파멸에 도달했다. 그리고 영화는 다시 기도하는 장면으로 끝났다. 대체 뭘 말하려는 걸까! 누가 선이고 누가 악이며, 뭐가 신앙이고 뭐가 세속인가!

『사이비』는 폭력으로 시작해서 폭력으로 끝난다. 그게 영화를 보는 내내 눈살을 찌푸리게 했을 수도 있다. 그런데 보자! 뭐가 '사이비'인가? '폭력'이 '사이비'이다. 그러면 폭력은 주인공 남자에게만 있는가? 아니다. 기독교, 기독교인들, 목사나 장로가 믿는 신앙이라는 게 폭력이다. 이들의 폭력은 무지에서 일어난 폭력이다. 반대로 주인공의 폭력은 일상적인, 위장되지 않은 세상사의 욕망에 기인하는 폭력이다. 진실을 말하나 거짓인 위장된 폭력, 거짓을 말하나 진실인 자연스러운 폭력이 충돌한 것이다. 이 둘은 모두 '사이비'다.

주일예배를 마치고 이순덕 장로님 댁을 방문했다. 올해 104세인 장로님이 요 며칠 곡기를 끊고 계신다고 전갈이 왔기 때문이다. 다시 교회로 올라오는데, 회색 장삼에 회색 빵떡모자를 쓴 스님이 우리 쪽으로 걸어 내려오고 있었다. 백담사, 낙산사, 신흥사 주지를 지낸 마근 스님이었다. 오랜만인데, 세속의 조카 결혼식에 왔다가 방문했단다. 그는 조계종 최초의 사원인 건봉사 주지로 곧 가게 될 거라는 이야기며, 그동안은 마음을 낮은 곳에 두고 가난한 이웃을 돌보며 살았다는 이야기 등을 전해 주었다.

오대산에 아주 용한 무당이 한 분 있단다. 한 번에 통돼지 일곱 마리를 놓고 굿을 하기도 하는데, 굿이 끝나면 그 음식들을 처치하기가 곤란하여 줄곧 마근 스님에게 연락을 한단다. 노인요양원이나 가난한 사람들이 모여 사는 데 갖다주라고 말이다. 이렇게 굿하고 나오는 음식이 매일 어마어마한 양에다 종류도 갖가지란다. 통돼지, 소머리, 북어, 쌀, 떡 등등. 지난 4~5년간 그걸 날라다가 구제를 했다는 것이다. 그러고도 남아서 스님의 고향에도 통돼지 몇 마리를 보내줬다고 했다. 가끔은 통돼지 다섯 마리를 벌여 놓는 큰 굿판을 주문하는 '기독교인'도 만난다고 했다. 무당에게 굿하러 온 기독교인은 거기서 만난 중에게 가만히 이른다고 했다. "어디 가서 말하지 마세요."

울리히 벡은 『자기만의 신』에서, 요즘 사람들은 무당의 신이나, 불교의 신이나, 기독교의 신을 믿는 게 아니라 '자기만의 신'을 믿는다고 했다. 뭐가 되었건 자기에게 유익하면 된다는, 그런 생각에서라는 것이다. 이 시대의 믿음은 누구를 막론하고 자칫 '사이비'로 갈 가능성의 길을 열어두고 있다. 욕망이라는 잠에서 깨지 못했기 때문이다.

길

눈에 보인다고 다 길이 아니다.
저토록 번드르한 길이지만 실상 길이 아니다.

길인 줄 알고 걸어보았더니 중간에 멈춰 있어서
되돌아와야만 했다.

다만, 길의 흉내일 뿐이다.
삶도, 진리도, 신앙도 이와 진배없다.

선線은 넘으라는 거다

캐스린 스토킷의 소설 『헬프』
는 도저히 넘을 수 없는 선이 반드
시 넘어야 할 선線으로 탈바꿈하는
기적을 그려낸 이야기다.

인종차별이 극심했던 1960년대
미국 미시시피가 소설의 무대다. 작
가 지망생인 스키터는 가정부 아이빌린과 미니가 단지 흑인이라는 이
유로 부당하게 차별을 받으면서도 참고 사는 것을 지켜보면서 괴로워
한다. 더군다나 그녀의 동창생인 힐리가 유색인 전용 화장실을 집집마
다 만들어 백인의 위생을 지켜야 한다고 주장했을 때, 스키터는 결국
폭발하고 만다. 스키터는 아이빌린에게 은밀하게 말한다. 현실을 바꿔
볼 생각이 없냐고. 당신들의 이야기를 소설로 출판할 수 있다면 허락
해 주겠냐고 말이다. 결국 스키터는 가정부들의 파란만장한 라이프스
토리를 타이핑 하면서 낯선 감동을 느낀다. 백인으로 태어나 항상 가
정부를 끼고 살았던 그녀에게는 너무나도 익숙한 풍경이었던 차별과
억압의 에피소드들이, 막상 당사자의 증언으로 직접 들으니 완전히 새
로운 고백이 되었다. 3인칭의 머나먼 풍경이 1인칭의 생생한 고백이 되
는 순간, 흑인과 백인 사이에 놓인 굵은 선은 희미해져 버린다. 가정
부 미니는 스스로 백인과 흑인 사이에 도저히 넘을 수 없는 선이 있다
고 믿고 있다. 아이빌린은 속삭인다. "선線은 처음부터 없었어, 사람들

이 마치 처음부터 선이란 게 있는 것처럼 꾸며낸 거야." 붙박이처럼 곁에 붙어 있다가 쓸모가 없어지면 헌신짝처럼 버려지던 가정부들의 마음에 이토록 아름다운 이야기가 숨어 있다니. 그들 사이에 존재한다고 믿었던 선을 뛰어넘으니 원래부터 그 선은 없었다는 게 밝혀진다. '주어진 선'이라 믿는 것은 '날조된 선'이었던 것이다.

만약 흑인 가정부들이 스키터의 유혹 아닌 유혹을 받아들이지 않았다면, 그녀들은 '날조된 선'에 걸려 평생을 살아야 했을 것이다. 선을 넘는 일은 어렵고도 쉬운 일이다. 선을 넘는 것은 우선 갖가지 의무의 갑옷과 정해진 매뉴얼의 강박에서 벗어나는 일이기도 하다.

소설 『헬프』와 같은 맥락을 가진 영화가 있다. 〈이보다 더 좋을 순 없다〉가 바로 그 영화다. 〈As Good As It Gets〉는 1997년에 만들어진 미국 영화로, 모두가 싫어하는 괴팍한 작가 멜빈과 병든 아들에 대한 의무로 자기 삶을 포기해 온 식당 종업원 캐럴의 사랑을 다룬 제임스 브룩스 감독의 로맨틱 코미디 영화다. 주인공 유달은 '내 것-남의 것'이라는 배타적 선긋기를 통해 우아한 삶을 유지하며 산다. 내 것이 아니라며 이웃집 강아지를 쓰레기통에 버리고, 외식 때마다 '유달 전용 포크'를 지참한다. 보도블록이나 욕실 타일의 금조차 밟지 못하던 그는 한 여자를 사랑함으로써 '당신을 위해서 더 좋은 사람이 되고 싶다'는 감정을 처음으로 느낀다. 그녀의 사랑을 얻은 날, 그는 처음으로

금을 밟는 순간의 해방감을 느끼게 된다. 밟는 순간 큰일 날 줄 알았건만, 눈 질끈 감고 금을 밟으니 비로소 새로운 세계로 나아가는 해방의 출구가 열렸던 것이다.

세상의 곳곳에는 각종 경계들이 설치되어 있다. 이 경계들은 억압의 지도인 동시에 해방의 지도이다. 사회의 모든 영역에 대해서 그렇다. 오늘날 금기의 경계, 넘지 말아야 할 사회적인 억압들은 바로 이 사회를 탈주할 수 있는 지도이기도 하다. 너무 위험해서 어쩌면 모든 걸 잃을지도 모르는 선을 넘는 순간, 기적은 일어난다.

이끼 & 아저씨

서울에 있는 어느 교회의 수양관에서 〈이끼〉라는 영화의 일부를 찍었다고 한다. 어떤 블로그에 보니 다음과 같은 소감이 실려 있다.

18세 이상 관람 가능. 가끔 잔혹한 장면 나옴! 선과 악의 극명한 대립. 인간의 본성과 욕심에 대해 생각하게 하는 영화. 난 뭐가 옳은지 해답은 못 찾음! 인터넷에서 만화로 본 윤태호의 『이끼』를 너무나 성공적으로 영화화하여 내가 놀란 영화. 박해일, 정재영, 유선의 탄탄한 연기력과 특히 김혜수의 남친 유해진의 연기력이 대단한 작품. 사실은 왜 제목이 이끼인지랑 줄거리랑, 마구마구 얘기하고 싶은데. 혹시라도 보실 분이 있으면 김빠질까 봐 목구멍까지 나오는 걸 참고 있음. 휴가철 시간이 되실 때 '이끼' 보세요. 2시간 45분인가? 무지 오래함. 난 하나도 안 지루했는데.

영화 〈아저씨〉도 〈이끼〉와 함께 '나쁜 남자' 류의 영화에 속한다고 볼 수 있다. 어느 때부턴가 우리 사회에는 '나쁜 남자'를 유행처럼 선호하고들 있다. 어느 때는 다정하고 다감하여 한껏 부드러운 남자가 값이 나가더니, 예쁘장한 남자, 배 근육이 멋진 남자, 허벅지 굵은 남자로 흐르다가 이제는 '나쁜 남자'란다.

이런 대중문화 콘텐츠는 인간의 은밀하고 사악한 것에 대한 호기심을 노골화할 뿐만 아니라, 좀 더 적극적으로는 악인을 예찬하는 데까지 이르고 있다. 그동안 억눌려 왔던 사악한 본성이 울타리 밖으로 나오는 형국이라고 할까. 사실 그동안 인간의 사악함에 대한 탐구가 부족했던 것만은 사실이다. 이렇게 인간의 사악함에 대한 사전지식이 모자라기 때문에 영화에 등장하는 악역이 심지어는 참신하다고 믿거나, 구원자와 동일시하는 호소력을 지닐 수도 있게 된다.

봇물을 이루는 '나쁜 남자'의 사회기류 속에서 우리가 놓치지 말고 읽어내야 하는 것은, '착한 사람은 성공하기 어렵다'라는 사회적인 통념의 고착이다.

마당을 나온 암탉

러시아의 문호 투르게네프는 인간의 유형을 돈키호테형과 햄릿형으로 나눈 바 있다. 물론 돈키호테나 햄릿이 어떤 인물인가에 대해 말하려는 것은 아니다. 다만, 『마당을 나온 암탉』과 같은 결코 가볍지 않은 동화가 이 두 인간 유형 중 어디에 속하는가를 이야기하려는 것이다.

먼저 돈키호테형은 '싸워 이길 수 없는 적과 싸우고, 잡을 수 없는 하늘의 별을 붙잡겠다'고 외치며 돌진하는 유형이다. 우리는 이런 유형을 '허풍형 인간'이라고 한다. 현실 밖의 삶을 추구하는 형이다. 반면 햄릿형은 '죽느냐 사느냐 그것이 문제로다'라면서 무언가를 끊임없이 중얼대는 유형이다. 즉 돈키호테는 행동하는 인간 유형이고, 햄릿은 사색하는 인간 유형이라고 할 수 있다.

그렇다면 우리가 읽은 황선미의 『마당을 나온 암탉』은 어떤 유형에 속할까? 그렇다. 돈키호테와 햄릿을 섞어 놓은 듯 사색하고 행동하는, 즉 사색과 행동이 생을 통해 구현되는 인간 유형이다. 이 돈키호테형과 햄릿형 인간 유형이 형성되는 이유는, 그들이 살고 있는 지구적 특성 때문이다. 대체로 남방은 사색보다는 행동을 앞세우고, 북방은 행동보다 사색이 선행된다. 돈키호테가 그려지는 스페인이라는 남방, 햄릿이 놓인 덴마크라는 북방의 특성이 문학작품 속 등장인물에 고스란히 담겨 있는 거다.

우리는 북방도 남방도 아닌 그 중간 지점에 '생존점'을 갖고 있기 때문에 행동과 사색, 그 어느 경우로도 기울지 않은 것이다. 무척 섬세한 존재 양식이 발달하게 되어 있고, 그런 종합적인 문학양식이 등장하게 되어 있다. 『마당을 나온 암탉』의 경우를 보더라도 매우 중층으로 이루어졌다. 행동하기 위해 생각하고, 행동 뒤에 사색의 세계가 펼쳐진다.

이 점이 『어린왕자』, 『톰 소여의 모험』, 『허클베리 핀』이라는 모험적인 아동물과 다르다고 하겠다. 단순하게 10대의 탈주와 자유의 표상을 촉구하지만은 않는다는 거다. '마당을 나온 암탉'은 우리에게 '라이프' 하라고 한다.

사실 '라이프'는 우리말로 번역이 불가능할 만큼 오묘하다. '라이프'는 그리스 말 '조에Zoe'에서 나온다. 여기서 파생된 게 'Zoo', 즉 동물원이다. 그러나 '라이프'에는 동물과 같은 원초적 삶만 있는 게 아니라, '조에'와 비견되는 '비오스Bios'라는 삶이 있다. 우리가 흔한 말로 '바이오'라고 하는 그것이다. 원초적인 생물학적 생명 그게 'Zoo', '조에'다. 그런데 동물원에 구경하러 온 관객, 즉 문화적인 삶, 정치적인 삶, 사회적인 삶을 사는 구경꾼의 삶이 있고, 그게 바로 '비오스'인 거다. 지금까지 인생들은 이 둘을 갈라놓고 이거 아니면 저거로 산다. 동물처럼 살든지 사회적으로 살든지….

그러나 '마당을 나온 암탉'은 조에와 비오스를 아우르는 생을 살라고 지시한다. 지나치게 사회화한 삶을 사는 이들은 '동물처럼' 사는 법을 배워야 하고, 너무 동물처럼 먹고 자고 즐기는 일에만 집중된 삶은 문화, 정치, 사회적으로 사는 법을 익혀 균형을 잡아야 한다는 거다. 비오스와 조에를 가르는 문화, 문명, 관성의 담장을 허물라는 거다.

콩쥐의 두꺼비 & 재능

지난여름에 자살한 여배우의 죽음이 뒤늦게 알려졌다. 전하는 바에 의하면, 미녀대회 출신인 그녀는 연예인으로 활동하면서 큰 주목을 받지 못하자 우울증이 생겼다고 한다. 사람들이 많이 알아주지 않았다는 거다. 한마디로 주목받지 못했다 이거다.

'주목'이 모자라 병이 되는 예는 얼마든지 있다. 반대로 주목이 지나칠 때 생기는 병도 있다. 전자를 '자기혐오'라고 하고, 후자를 '자아도취'라고 한다. 보통사람들보다는 연예인이나 예술가들에게 더 많다. 왜냐하면 그들은 남들보다 더 예쁜 자질이나 많은 재주를 소유하고 있다고 여기기 때문이다. 그러면 언제부터 사람들은 '자아도취'나 '자기혐오'라는 질병을 앓았던 것일까?

르네상스이다.

개인을 우주의 중심에 놓게 된 이후부터 인간은 자기도취와 우울증에 시달리게 되었다. 르네상스 이전에는 인간에게 어떤 독특한 재능 genius이 있다 해도, 남들보다 예쁘다고 해도, 자기가 잘나서 그렇다고 생각지 않았다. 그리스 시대에는 인간의 재능이나 창의성이 '나'에게서 나오는 게 아니라, 또는 '나'에게만 본시 주어진 게 아니라, 외부로부터 주어지는 거라고 믿었다. 그 외부를 '요정'이라고 생각했다. 그러니 내가 잘난 것은 요정의 힘 때문이지, 내가 뭘 어째서거나, 나만 어떻게 된 게 아니라는 말이다. 나는 아무것도 아닌데 외부로부터, 즉 요정이 내게 남들과 다른 독특한 힘이라든지 외모를 넣어주고 만들어주었다고 생각했다. 그러니 잘난 체 할 것(자아도취)도 없고 반대로 못났다고 실망할 것도(자기혐오) 없었던 거다.

이 지혜로운 믿음이 재능 있는 사람들을 보호해 주었다. 아무리 위대한 작품이 나와도 '요정의 덕'이고, 아무리 형편없는 작품이 나와도 '요정의 탓'이었기 때문이다. 우쭐대거나 거만할 필요가 없었고, 자살할 이유도 아니었다. 그런데 르네상스 이후 재능이나 빼어난 외모를 사유재산으로 취급하는 경향이 생기기 시작했다. '나는 왜 재능이 없지?' 하며 번민하는 일이 생겼고, '나는 너무 잘났어' 하며 교만해지기 시작했던 거다. 우울증은 르네상스 이후 지나친 인간 중심주의가 낳은 산물이다.

『콩쥐 팥쥐』의 이야기에서, 콩쥐가 자살을 하지 않고도 잘 사는 비결은 두꺼비(요정)가 나타나 콩쥐의 난제를 명쾌하게 해결해 주는 데 있다. 인간의 재능과 외모란 두꺼비가 선사하는 선물과 같은 것이다. 예수는 자기도취에도 자기혐오에도 이르지 않는 존재다. 바울도 신령한 존재가 된 이후로 자랑도 교만도 무화시킨 존재였다. 왜냐하면, 그들에게 나타나는 모든 일들은 하늘로부터 또는 그 속에 들어와 있는 타자인 예수가 벌이는 일이었기 때문이다. 예수님이나 바울의 생애는 요정이 지배하는 삶이었다. '하나님'이라는 요정 말이다.

그런 사람은 자기혐오에 빠져 스스로 죽지 않으며, 자기도취로 인해 타자로부터 죽임을 당하지도 않는다. 이것이 세상과 '내'가 다른 점이다.

표백세대

얼마 전에 어떤 교우에게 이런 이야기를 들었다. 그는 중학교 1학년짜리 아들과 아들 친구와 함께 셋이서 여름방학에 외국여행을 했다. 그런데 40일 동안 여행을 하는 내내 이 두 놈은 거의 말을 하지 않고 따라다니기만 했다. 거짓말 좀 보태서 40일 동안 그들이 한 말은 고작 40개도 안 되더라는 것이다. 하도 기이해서 아들이나 아들 친구의 얼굴을 빤히 쳐다보면 그제야 "왜요?" 하고는 그만 입을 다물더라는 거였다. 그러면서 하는 말이 "이런 애들을 무슨 세대라고 해야 하나요?"라고 내게 물었다.

글쎄, R세대Red Generation, X세대, 88만원 세대, N세대 같은 말들은 알지만, 교우 아들과 같은 세대를 뭐라고 불러야 하는지 나는 아직 아는 바가 없다.

'N세대'라는 게, Network+New+Next+Newtype+Netizen 이라고 하니 혹시 Newtype에 해당한다고나 할까. 그러나 그것도 아닌 것 같다. 그래서 차라리 이런 아이들과 부모나 사회가 이해하기 힘든 행동양식을 가진 세대를 '표백세대'라 하는 게 어떨까 싶다. '표백세대'라는 이 말은 사실 장강명이라는 이의 장편소설 제목이다. 그에 의하면 "표백세대는 어떤 사상도 완전히 새롭지 않으며, 사회가 부모나 교사를 통해 전달하는 지배 사상에 의문을 갖거나 다른 생각에 빠지는 것을 낭비라고 생각한다."고 한다. 그러니까 의심이나 의문을 통해 창조성을 얻으려고 하지 않는다는 말이다. 그렇게 살아봤자 기존의 지배 사상이 얼마나 심오하고 '빈틈없는'지를 확인하는 것으로 끝나기 때문이라는 것이다.

이런 '표백사상'은 오로지 싼 노동력만 찾고 있는 이 '완전한 세상'에서 남보다 빨리 정답을 읽어서 체화하기 위한 표백의 과정만을 걸어왔기 때문에 생겼다고 소설은 말한다. 그래서 '표백세대'는, 아무런 희망을 기대할 수 없는 세상에 저항하는 수단으로 자살을 선택한다는 것이다. 흔히들 생각하는 대로 '삶의 막장에서 어쩔 수 없이' 하는 게 자살이 아니라, '위대한 일'을 할 기회를 박탈한 세상에 극단의 저항으로 자살을 한다는 것이다.

그러나 나는 그 누구에게도 말하지 못한다.
"당신 아들이 혹시 '표백세대'가 아니오?"라거나, "이 세대가 바로 '표백세대'요."라고 말이다.

이왕 이렇게 된 거

공동체를 해치는 것은 악한 1퍼센트의 소행이 아니라 평범한 사람들의 사소한 악행 탓이다.

뜨거운 여름을 피하기 위해 집어든 댄 애리얼리의 『거짓말하는 착한 사람들』에 있던 글귀로 기억한다. 대략, 평범한 사람들이 비윤리적인 행동을 저지르는 이유, 과정, 대책을 제시하고 있다.

애리얼리는 인간이 두 가지 동기를 동시에 추구하기 때문에 멀쩡한 사람이 때론 엉뚱한 행동을 한다고 말한다. 하나는 자신을 정직하고 존경할 만한 인물로 봐주길 바라는 '자아 동기부여'이고, 다른 하나는 다른 사람을 속여 가능하면 큰 이득을 얻고자 하는 '재정적 동기부여'가 곧 그것이다. 착한사람이라는 명예와 개인적인 이득을 동시에 얻길 원하기 때문에 이 사이에서 흔들린다는 거다.

이래서 도덕적인 다짐을 받게 되는데, 이른바 '범죄경력증명서'도 일종의 '아너 코드honor code'인 셈이다. 아너 코드란, 미국의 몇몇 대학이 입학과 함께 학생들에게 과제물을 제출하거나 시험을 볼 때 양심에 따라 행동하겠다는 각서다. 대통령 취임식 때 성경에 손을 얹고 하는 선서도 일종의 아너 코드로, '도덕적 각성 효과'를 기대하는 것이다. 아너 코드가 성실히 준수되기 위해선 사소한 비행이라도 저지르면 안 된다. 왜냐하면, 그것은 마치 하루 종일 엄격한 다이어트를 위해 배고픔을 참다가 한밤중에 쿠키 한 조각을 베어 문 뒤 결국 야식을 폭식하는 경우와 같기 때문이다. 애리얼리는 이걸 '이왕 이렇게 된 거what the hell 효과'라 했다.

지금 우리의 교회는 아너 코드가 망실되어 있다. 우리 속에는 이미 부정행위가 전염병처럼 퍼져서 '부도덕성의 바이러스'가 깊숙이, 그야말로 도려내기 어려울 만큼 자라 있다. '이왕 이렇게 된 거' 효과는, 교회를 팔고 사는 매매로, 제 애비의 교회를 이리저리 물려받는 세습으로, 교권을 위한 이합집산으로, 그래서 명예를 구하려는 데 드는 엄청난 비용의 탕진은 알고 말고 할 계제도 아니다.

우리의 현실이 '이왕 이렇게 된 거'라면, 우리는 뭔가 새로운 대안을 모색하고 추구하는 것이 옳지 않을까 싶다. 변혁적이고 혁명적인 전환을 도모하자는 말이다. 평범한 사람들에 의해 무수히 자행되는 '사소한 악행'은, 이제 더 이상 '희망'을 품고 있지 않다. 항의, 절망, 낙담, 분노, 낙심은 모두 '현재를 존중하고 희망하는' 각기 다른 에너지의 현상이다. 그러나 그 '현재'가 악성 바이러스에 의해 침식되어 회복이 불가능하다는 '비용편익 분석'을 손에 쥐고 있는 바에야, 이제는 결단만이 남은 셈이다.

　새로운 공동체를 위해, 아직 남아 있는 분노의 에너지를 새로운 방향성을 세우는 데 썼으면 좋겠다. 이미 '아너 코드'가 붕괴되어 '될 대로 되라what the hell'는 군상들에게서 희망을 버릴 때가 되지 않았나 싶다. 내 남은 생의 목회적 에너지를 쓸 만한 일에 쓰는 기쁨, 어디 없을까?

여기서 뛰어내릴 수만 있다면

꼭 주부가 아니더라도 좋다. 지금부터 내가 하려는 이야기는 '살림'에 관한 이야기가 아니라 이 시대를 살아가는 인간들의 '존재 방식'에 대해서 말하려고 하는 것이니까. 나도 여러분과 함께 우리 집 냉장고를 열어보려고 한다.

보통 냉장고의 위칸은 냉동실이고 아래칸은 냉장실이다. 먼저 냉동실을 열어보자. 검은 비닐봉투가 여러 개 보일 게다. 아마도 거기엔 정체 모를 고기가 얼어붙어 얼음인지 고기인지 헷갈리게 할 거다. 당연히 그게 소고기인지, 돼지고기인지 아니면 닭고기인지는 아무도 알지 못한다. 이제 그 봉다리의 정체보다 더 곤혹스러운 일은, 그게 도대체 어느 시절 고기인지 아리송하다는 것이다. 만두와 가래떡 썬 것은 또 어떤가? 만두는 이미 냉동에 냉동을 지나 이게 만둔지 돌인지 모를 지경이 되어 있고, 가래떡은 얼다 못해 빙하처럼 쩍쩍 갈라져 있을 거다. 이런 것들은 좀체 발견되지 않다가 새로운 것을 넣을 때에야 거기 그게 있었다는 걸 알아채게 된다.

이제는 냉장실로 한 번 가 보자. 공장에서 오래 보관해서 먹으라고 플라스틱에 담아 포장한 식품들이 즐비하게 늘어서 있을 게다. 플라스틱 생수병, 플라스틱 케첩 통, 플라스틱 들기름 병, 플라스틱 체리 상자 등등 온통 냉장실 안에는 식음료를 포장한 플라스틱들이 넘쳐난다. 심지어 호박마저도 진공 포장되어 채소 칸에 들어앉아 있다. 플라스틱 통에 있는 먹다 남은 오이는 이제 쭈글쭈글해지다 못해 곰팡이가 살짝 피었다. 어떻든 냉장실도 대형마트에서 사온 플라스틱 통들이 가득 앉아 있다.

"오늘날 냉장고는 인간다운 삶을 가로막는 괴물이다."

어느 철학자의 말이다. 이렇게 저장해 두고 먹으니 피차 나눌 필요가 별로 없어져 이웃과의 나눔이 끊어진다는 거다. 이웃집의 그게 우리 집에도 늘 보관되어 있기 때문이다. 우리 집에 없는 게 다른 집에 있을 가능성도 없다. 대형마트에 가면 누구나 다 같은 걸 사다가 저장해 놓고 먹을 수 있기 때문이다. 그러니 이웃과 소통할 필요가 없는 거다. 그저 대형마트와 냉장고 사이를 오가면 되는 것이고, 넣을 공간이 조금 모자란다 싶으면 새로운 냉장고를 또 하나 들여 놓거나, 냉장고와 냉동고가 분리된 최신형 기계를 사면 되니까 말이다. 이게 이웃과의 관계만을 단절시키는 게 아니다. 그 자신의 건강, 조화로운 몸의 균형도 단절시켜 고통을 유발한다. 생태의 문제, 재래시장과의 관계 등은 두루 말할 필요도 없다. 이 시대를 사는 모든 사람들의 생존 중심에는 알게 모르게 '냉장고'가 턱 하니 버티고 있다.

TV에서는 그 집의 살림살이 규모와 경제적 빈부의 가늠자가 냉장고인 양 선전을 한다. '품위 있는 주부는 무슨무슨 냉장고'라든지, '현명한 주부가 선택하는 어떤어떤 냉동고'라는 선전문구가 그것이다. 그리고 대다수 인생들은 부엌 한가운데 당당하게 서 있는 냉장고를 자랑스러워하기도 하고 부끄러워하기도 한다. 이러니 이 시대의 온갖 폐단이 냉장고에 응축돼 있다고 말하지 않을 수 있겠는가?

냉장고의 폐기, 혹은 냉장고의 용량 축소!

여기서 뛰어내릴 수만 있다면, 이는 이 시대 우리에게 닥친 마귀의 유혹에서 이기는 길이 될 것이다. 광야의 수련을 마친 예수가 마귀의 시험을 물리쳤던 것처럼!

디바이드 앤드 룰
divide and rule

느헤미야는 주전 450년경 바사 왕의 임명을 받고 팔레스틴 재건을 위해 군사를 거느리고 예루살렘에 도착하여 성전 재건과 정치 개혁을 단행한 인물이다. 우리는 대부분 느헤미야에 대해 우호적으로 해석을 해왔다. 그러나 느헤미야는 팔레스틴에 도착하여 주민 분리 정책을 시행한다. 그것은 바벨론에서 귀환한 엘리트 민족주의자들과, 주전 586년에 유다가 멸망하면서 그 어디에도 속할 수 없어 본토에 남아 사마리아를 생활의 거점으로 야훼종교의 뿌리를 지켜온 평민들과 호족들과의 관계를 갈등관계로 만드는 것이었다. 그러는 게 팔레스틴을 통치하는 데 유용하다고 보았기 때문이다. 느헤미야가 시행한 이 분리 정책으로 말미암은 유대인과 사마리아인의 갈등과 대적은, 예수시대에 이르기까지 근 500여 년간 지속된다.

이와 같은 열강 제국주의 지배국에 대한 정책을 '디바이드 앤드 룰 divide and rule'이라고 한다. 이른바 분할통치 정책이다.

대영제국은 다신론을 믿는 힌두와 유일신을 믿는 무슬림 사이의 긴장을 고조시키면서 영국령 인도를 통치했다. 이 또한 '디바이드 앤드 룰'이었다. 1800년대는 영국과 프랑스가 식민지를 누가 더 많이 차지하느냐를 위해 전쟁을 벌인 '식민지 전쟁시대'였다. 대영제국이 인도를 집어삼킬 즈음, 프랑스는 1차 세계대전 이후 요즘 내전을 겪고 있는 시리아를 통치한다. 이때도 프랑스는 종파간 갈등을 유도했다.

이슬람은 예언자 무함마드의 사후에 누가 후계자가 되느냐 하는 싸움으로 두 쪽으로 갈라졌다. 그게 요즘 우리가 흔히 듣는 수니파와 시아파이다. 프랑스가 시리아를 통치할 그때도 수니파와 시아파가 양분되어 있었고, 수니파는 프랑스의 식민지 통치를 강력하게 반대했다. 그러자 프랑스는 시아파를 그들의 편으로 삼아 힘을 실어주기 시작했다. 그리고 정부의 중요한 자리에 시아파를 앉힌다. 시리아가 1946년 독립을 할 때 권력을 장악한 게 시아파다.

현재 시리아의 내전은 그렇게 시작된 수니파와 시아파의 갈등에서 비롯된 것이고, 이것은 유대인과 사마리아인의 대적관계와 다르지 않다. 모두 제국주의의 '디바이드 앤드 룰' 때문이었다.

느헤미야, 스가랴, 다니엘서와 서기 2012년의 시리아 내전의 본질을 꿰뚫는 눈들을 기대하며 이 글을 쓴다.

안학빈의 떡

민주주의는 그리스의 아테네에서 시작되었다. '민주주의'란 '참주정'의 반대말이다. 그러면 여기서 '참주정'이란 무엇인가? 그것은 법을 지키지도 않으면서 법 밖에서 통치하는 군주를 일컫는 정치용어다. 요즘으로 치면 독재정치에 가깝지만, 실상은 좀 더 복잡하다. 집단이 아닌 개인, 정치가 아닌 종교도 '참주'가 될 수 있기 때문이다. 비틀어 말하면, '참주 종교'라는 게 있을 수 있다는 말이다. 그러면 '참주 종교'란 뭘까?

성경대로 살지 않으면서, 성경 밖에서 '목회'를 하거나, 성경의 가르침과는 딴판인 것들로 대중에게 설교함으로써 거짓 확신을 갖게 하는 거라고 할 수 있다.

'참주정'이나 '참주 종교'는 본시 '민주주의'나 '진리'의 탈을 쓰고 등장하기 때문에 여간해서는 식별하기 어렵다. 아테네 시민들은 '참주정'을 식별하고 민주주의를 지키기 위해 교양교육을 받았는데, 그게 바로 '파이데이아'다. 파이데이아의 목적은, 전문교육을 하고자 함이 아니라, 전문가의 주장을 올바르게 판단할 수 있는 지혜를 갖게 하는 것이었다.

그렇다면 정치적인 관점에서 '참주'의 징후는 뭘까?

- 지위를 잃을까 두려워하고, 그 두려움이 정치적인 결정에 영향을 끼칠 때
- 말로는 법, 법 하면서 실제로는 자신을 그 법 위에 세우려고 할 때
- 비판을 수용하지 못할 때
- 자신의 행위에 대해 추궁 받는 것을 꺼릴 때
- 자신의 비위를 맞추지 않는 사람들의 조언이나 충고를 싫어할 때
- 자신의 의견과 다른 자가 일에 끼어드는 것을 막을 때

이런 징후들을 판단하는 시민교육이 '파이데이아'이고, 그렇게 함으로 훌륭한 민주시민이 탄생된다고 보았던 것이다. 오늘날 교회도 아테네의 파이데이아와 같은 신앙의 교양교육이 절실히 필요하다. 이미 제도화되고 예전화된 기독교가 '참주'의 언저리를 배회하고 있기 때문이다.

그런 의미에서 지난 1월부터 시작된 '허태수의 구약성서 읽기'도 파이데이아의 성격을 지닌다 하겠다. 단순한 성경공부가 아니라는 뜻에서 말이다. '참주 종교'를 판단하고 분별하여 거기로부터 탈출하는 신앙의 교양교육이라고 한다면, 너무 거창한 명분일까?

다음 주 수요일을 끝으로 긴 여행을 마치게 되어 '떡이나 먹자'고
했더니, 안학빈 집사가 서울에서 전화를 걸어왔다. 자기가 떡을 내겠다
고, 누구보다 먼저 맡아놓겠다면서 말이다. 학곡리에서 '파이데이아'
했는데, 서울서 '파이데이아'가 되었다. 바다 멀리 있는 배들이 불빛을
보고 길을 찾는 게 등대다 싶다.

교회 국민들에게

밤 아홉 시였다. 후덥지근한 날씨 탓에 집 안에는 손녀 나루만 남아 할아버지를 칭칭 감고 재잘댔다. 그때 활짝 열어놓은 창문 밖 모기장에 아주 큰 얼굴 하나가 쓱 붙어서더니 씩 웃었다. 순간 깜짝 놀라서 경계심을 가지고 내다보니 누런 치아를 드러낸 덕모였다. 그렇게 거기 서 있은 지 꽤 되었다는 표정이었다.

"뭐니, 이 밤에?"
"전도사님, 들어가서 뭣 좀 의논드려도 돼요?"
"밤인데 들어오긴 그렇지. 그냥 거기서 말하면 안 돼? 얼굴 다 보이잖아."
"그럼요, 이것 좀 받아 읽어봐 주세요."

덕모는 가끔, 아주 가끔 우리 교회에 나오기도 하고, 속옷 차림으로 슬리퍼를 끌고 학곡리 일대를 열심히 오가는 사암리에 사는 청년이다. 어릴 때 그의 부모가 귀한 아들이라고 먹인 보약이 너무 과해서 조금 어떻게 되었다는 사회의 방외인이다. 그런 그가 몇 달 전 주일 아침에 나를 찾아와서 자기를 안보리에 있는 어떤 요양원으로 데려다달라고 했다. 그때부터 나와의 '관계'에 친밀감이 생겼다고 여겼는지, 이후로 그는 불쑥불쑥 새벽에 문을 두드려 아스피린을 달라기도 하고, 합동결혼식을 하게 되었으니 식장에 와달라며, 이번 아내는 두 번째 외국 아내인데 필리핀에서 꽤 배운 여자라는 이야기를 내게 전하는 거였다. 그는 요즘 들어 나를 그의 인생에서 가장 가까운 사람으로 생각하는가 보았다.

쪽지 내용은 이제 돈을 좀 벌어야 하는데 누가 써주는 사람이 없다는 거였다. 그러니 이번 주일에 '교회 국민들' 중에 일을 시킬 만한 분을 알아봐달라고 했다. 그리고 나서 그는 내 휴대폰 번호까지 적어달래서 돌아가는 '치밀함'을 보였다. 만약 누군가가 일자리를 주지 못한다면 나는 꽤 여러 날 그에게 시달릴 게 뻔했다. 그리 될 줄 알면서도 마음 한구석에서 모락모락 기쁨이 돋아나는 것은, 그에게 있어 모처럼 내가 그의 말 상대요, 삶을 의논하는 인물로 '선택'되었다는 우쭐함 때문이리라.

니고데모가 밤중에 사람들의 눈을 피해 예수를 찾아와 말했다. "어떻게 하면 영생을 얻을 수 있습니까?" 늦은 밤 주일 설교 원고를 쓰고 있을 때 덕모가 태수를 찾아와 말했다. "일자리 좀 구해 주시오."

'헛기침의 영성'을 위하여!

엊그제 서울을 가다가 공중화장실에 들렀다. 마침 편안히 앉아야 하는 사태가 생겨서 좌변기에 앉아 있는데, 갑자기 내 옆에서 휴대폰 신호음이 요란하게 울렸다. 그러더니 동시에 세 사람이 대화를 시작했다. 똥을 싸면서, 전화기에 대고 밥 먹었냐고 물으면서, 가관이 따로 없었다. 나오던 똥이 도로 들어갈 지경이었다.

옛날엔 '노크'라는 게 있었다. 서양식 예절이라고는 하지만 자못 노골적인 방식이다. 우리네 '헛기침'에 비해 그렇다는 뜻이다. 그건 에둘러 하는 암시였다. 그래도 '노크'나 '헛기침'은 오늘날 휴대폰에 대면 '에헴'이다.

한국청소년정책연구원에 따르면 0~5세 영유아 중에 26.4퍼센트가 3세에, 23.6퍼센트가 1세에 처음 스마트폰을 사용한다고 한다. 만 3세가 되기 전인 평균 2.27세에 이미 '스마트폰 버릇'이 들기 시작한다는 것이다. 그 '스마트폰 버릇'이라는 게 결국 이거다. 똥을 싸는 중에 전화기에 대고 말하고, 웃고, 화내고, 밥 이야기 하는 거 말이다.

내 나이 세 살 때는 월현리 1387번지에 살면서 봄날 개구리가 알 낳는 걸 보느라 '물 속 어미 개구리를 한나절 동안 엎드려 보던 버릇' 밖에 없었다. 이게 본시 내 세 살 때 터득한 우주만물과의 소통법이다. 이제 나는 나에게 어울리지 않는 휴대폰하고 작별을 하려고 한다. 새해부터는 일절 휴대전화를 내 몸에 소지하고 다니지 않을 거다. 아예 싹 치워버릴까 했지만, 그동안의 습성이 고약해서 그렇게는 못하고 집에다 처박아두고 저녁에만 한 번 '삐끔' 볼 작정이다.

　이제 나는 머지않아 60 나이가 된다. 그러니 내 나이 세 살에 터득했던 우주만물과의 소통법과 도구들을 버리고 괴물 같은 휴대폰에 더 이상 매달릴 수 없다. 그래서 우선 잃어버린 '헛기침'을 복원하려고 한다. 천리 밖에서도 들을 수 있게, 듣고 무슨 뜻인지 알 수 있게 '헛기침의 영성'을 되찾아보고 싶다.

　'헛기침의 영성'을 위하여!
　이게 내가 새해부터 휴대폰을 쓰지 않으려는 변이다.

Church to Anti a Idiot

'커뮤니티 지수'라는 게 있다. 사회나 공동체를 구성하는 구성원들이 주고받는 것을 일컫는 사회학 용어다. 이 지수가 높은 나라 혹은 공동체가 행복하다고 한다. 그러면, 개인주의가 발달한 미국보다 '상부상조'를 중시하는 한국사회가 '커뮤니티 지수'가 높지 않을까? 그러니 한국 사람이 의당 미국보다 '행복한 사람'이 많지 않을까?

호프슈테드Hofsted라는 문화연구가에 의하면, 한국은 18점이고 미국은 무려 91점이란다. 힘든 상황이 닥쳤을 때 도움을 요청할 수 있는지를 묻는 게 이 '커뮤니티 지수'인데, 우리나라는 OECD 36개 국가 중에서 35위다. 우리가 그만큼 다른 사람을 도와주지 않는다는 말이다. 이기적이고 개인주의적이라는 말이다.

이게 우리가 살고 있는 세상 즉, 한국이라는 나라다. 여기에 우리가 있다. 우리 교회가 있고, 목사인 내가 있고, 교우들이 있다. 커뮤니티 지수 꼴찌의 나라에 '교회'가 또 하나 세워지고 있다.

'이디옷idiot'이라는 단어가 있다. 영어로는 그저 '바보'라는 뜻인데,

라틴어 어원은 '다른 사람은 생각지 않고 저만 위하는 사람'을 뜻한다. 앞의 말과 견주어 생각하면 '커뮤니티 지수'가 낮은 상태로 살아가는 모든 사람들 혹은 공동체를 의미한다고 할 수 있다. 이걸 우리 자신에게 적용하면 이렇게 된다.

우리는 '바보 같은 나라'에 살면서 '바보 같은 교회'에 다니고 있다!

그러면, 이제 시작하는 이 교회는 '행복하되 혼자만 행복한 교회', 즉 '나만 잘되면 되는 교회', '바보 같은 교회'를 지향하는 것인가? 그걸 위해 우리가 여기 바보같이 모여서 바보 같은 세상을 만들려고 하니 바보 같은 복을 주시라고 하나님께 기도하고 있는 것인가? 그게 축하받을 일이라고 내가 지금 축사를 하고 있는 것일까? 아니다.

아일랜드의 트리니티 칼리지의 담벼락에는 이런 문구가 적혀 있다고 한다.

행복은 문제가 없는 상태가 아니라 문제를 해결하는 능력이다.

내가 오늘 '연리지 교회'와 박용한 목사의 개척 예배에서 축사를 하는 이유는 이것이다. 오늘날 교회와 세상이 직면하고 있는 이 '바보'의 사태를 해결하는 책무로서 교회와 목사가 존재하는 것이고, 이걸 해주길 기대하는 마음에서 나도 그대들과 함께 이 일을 위해 교회를 세우고 목사로서의 삶을 살고 싶다는 염원으로 이 축사를 하는 것이다.

'Church to Anti a Idiot'의 연리지 교회와 박용한 목사 그리고 성도들이 되길 비는 마음에서 교회의 시작을 축하한다.

2장

자연과 문명에 대한 반응

자기 인생의 의미를 알려고 하지 않는
사람들의 맹목이
자연에 반하는 것이라면,
신을 믿는다고 하면서 사악한 생활을
하는 사람들의 맹목은
한결 더 무서운 것이다.

– 파스칼

신 무탄트 기행

히말라야를 걷다 1

나는 지난 2월 아흐레 동안 '무탄트' 메신저의 심정으로 히말라야 랑탕코스를 트레킹했다. 물론 독단으로 히말라야를 걸어보려는 생각은 못했다. 언젠가는 한 번 가보고 싶다는 마음은 있었지만 혼자서는 엄두가 나지 않았고, 여럿이 어울려 가기에는 여건이 맞지 않았다. 그런데 마침 지방의 50년된 건설회사를 경영하는 우리 교회의 정세환 장로가 임직원들의 팀 스피릿Team Spirit을 위해 히말라야를 걷는다고 하기에 따라나섰던 거다. 그러자 오래전에 읽었던 『무탄트 메시지』가 생각 났다.

하나님이 최초로 창조한 사람들이라 불리는 호주 원주민인 '참사람' 부족이 있었다. 그들은 자연과 조화를 이루며 살고, 모든 생명체가 형제이며 누이라고 믿는 이들이다. 문명의 돌개바람과 함께 몰려와 어머니 대지를 파헤치고, 강을 더럽히고, 나무를 쓰러뜨리는 문명인들을 보면서 원주민들은 '돌연변이'라고 말하기 시작했다. 이 돌연변이가 그들의 언어로 '무탄트'다. 돌연변이란 무엇인가? 그것은 기본 구조에 중요한 변화가 일어나 본래의 모습을 상실한 존재를 가리킨다. 백인들과 타협하지 않은 마지막 원주민 집단으로 알려진 참사람 부족은, 걸어서 호주대륙을 횡단하기로도 유명하다. 이 책의 저자인 말로 모건은, 이

참사람 부족이 엄선한 무탄트 메신저로서 이들과 함께 넉 달간의 사막 도보 횡단여행에 참가하게 된다. 그후 모건은 책을 통해 세상의 문명인들에게 참사람 부족이 전하는 메시지를 기록한다. 과학문명만을 사회 진화로 추구하는 세계와 사람들에 대한 일침이 가득하다. 그중에 하나를 걸러보면 단연 '무엇이 문명인가?'이다. '참사람 부족'에게 문명이란 '적게 일하고 많이 쉬는 것'이다. 그러나 소위 과학문명 세계의 사람들은 '많이 일하고 조금밖에 쉬지 못'한다. 그들의 눈에 비친 과학문명의 사람들이 되레 '비문명인'이라는 것이다. 문명인인 척하는 비문명인인 우리를 일컫는 그들의 말이 바로 '무탄트'이다.

따라나서보니 정 장로님의 〈주식회사 대양〉은 이번만이 아니라 거의 해마다 '사람'을 위한 '스피릿 프로그램spirit program'을 진행하고 있었다. 기업의 생산성을 높이고 재정적인 이윤을 극대화하려는 조직적 차원의 독려와 강화만이 아니었다. 기업의 이름을 걸고 그 조직원이 참여하는 행위이니 전혀 그런 결과와 목표가 없다고는 할 수 없을 터이다. 사실 1960년대만 해도 우리나라뿐만 아니라 전 세계의 기업인들은 이윤추구라는 외길을 향해 100미터 달리기선수들처럼 달리기만 했다. 그때 기업이 즐겨 쓰던 용어가 관리였다. 경영이 곧 관리와 동의어가 되었던 셈이다. 인사관리, 물품관리, 품질관리, 고객관리… '관리'가 기업의 관건이었다. 그러나 '기업'을 한자로 써놓고 보면 그렇지 않다. '企業'의 '기企'는 '사람人' 밑에 '멈춤止'을 써 받치지 않았는가? 풀어보면, 사람이 제 갈 길을 찾기 위해서 발뒤꿈치를 들어 멀리 앞을 내다보고 있는 형상이다. 앞일을 생각하고 꾀한다는 말이다. 그러니 기업을 한자 뜻대로 한다면, 그저 바쁘게 뛰기만 하는 게 아니라 수시로 멈춰 서서 자기의 갈 길을 선택하고 판단하는 사람, 남보다 많이 생각하는 사람이라는 뜻이다. 그게 기업이다. 그런 사람을 만드는 일이 기업하는 사람의 책무이며, 그걸 잘하는 사람이 유능한 기업인이다.

그런 의미에서 우리 교회의 정세환 장로는 유능한 기업인이다. 기업의 목표를 수익성만이 아니라 환희의 감탄부호인 성취감을 샘솟는 물줄기처럼 쏟아내리려는 인간정신에 두고 있으니 말이다. '목구멍에서 생기는 것이 경제요, 가슴에서 생기는 것이 문화다'라는 말을 그는 알고 있다. 이제 그렇게 아름다운 이들과 함께 했던 열흘간의 '신 무탄트' 기행문을 쓰려고 한다.

종균배양실 같은
카트만두

히말라야를 걷다 2

카트만두행 비행기에 올랐다. 활주로를 쏜살같이 내달리던 비행기가 허공으로 붕 떠올라 구심求心의 자장磁場에서 벗어나면 온갖 상상은 현실이 된다. 그것은 실로 보잘것없는 것에서 갑자기 우러러보이는 현존으로 변화되기 때문이다. 이윽고 원근법의 이치를 좇아 구름 밑으로 펼쳐지는 지상을 보며 '내가 왜 저기서 아등바등 살았지?' 하고 묻게 된다. 다시는 그리로 돌아가지 않을 사람처럼 말이다. 구름 위에서는 참으로 보잘것없음과, 기쁨과 슬픔, 분노와 허탈을 한꺼번에 던져버리는 탈속의 상태가 일어난다. 아주 잠깐이지만 말이다.

2월 18일 오전 9시 30분 카트만두행 비행기에는 소설가 박범신 선생의 일행도 있었다. 비행기를 타기 위해 기다리는 여러 무리들 중에서 그를 발견하자 갑자기 관념이 직립하는 것을 느꼈다. 그때까지는 그저 어디론가 여행을 떠나는 이들이 공통으로 품음직한 생각뿐이었는데, 그를 보는 순간 '여행의 동기'가 상기되었던 것이다. '그렇지, 나는 히말라야를 가는 거다. 히말라야에는 뭐가 있을까. 뭔지는 모르지만 내가 있는 이곳에는 없는 것이 그곳에 가면 있을 거고, 또 뭔지는 알 수 없지만 나와 맞는, 내가 그동안 찾고 찾던 그 무엇이 거기에는 있을지 모른다'는 기대다. 그게 없다면 여행을 가지 않을 것이다. 여행이란 새로운 국적을 얻는 일이다. 이 사실을 박범신이란 존재가 내게 상기시켜 주었다.

한낮이 조금 지난 오후에 카트만두 국제공항에 내렸다. '국제'라는 이름이 무색한, 소박하고 남루한 청사를 나와 준비된 버스를 탔다. 형형색색으로 단장한 버스의 지붕 위에 커다란 짐들을 싣고, 단출하기 그지없는 자동차 안으로 사람들이 또 짐처럼 실렸다. 그리고 버스는 도시를 떠났다. 일행은 일제히 각자의 시야에 비치는 풍경을 훑느라 여념이 없었다. 그렇다. 여행은 '풍경'이다. 풍경은 때때로 숭고함을 갖기도 하지만 낙망인 경우도 있다. 자연이 종교와 시를 잉태한다면, 도시는 경멸과 구토를 배설하기도 하니까. 카트만두라는 도시의 풍경은, 숭고와 경외가 아니라 배설과 구토 위에 돋아난 버섯과 같았다. 사람과 짐승과 온갖 쓰레기들은 도시를 이루는 종균種菌과도 같았다. 종균의 배양토와도 같은 도시를 자동차는 좀체 헤치고 나가지 못했다. 마치 미드박테리아(미드콘드리아나이트로백터테트라이지인플루엔스박테리아)에 감염되어 온몸에 구멍이 뚫린 채 숨을 헐떡이는 해면체를 밟는 느낌이었다.

누군가 기차를 타고 가는 여행은 '생각의 산파와 동행하는 여행'이고, 비행기를 타고 가는 여행은 '비상의 쾌감을 조롱하는 여행'이며, 버스를 타고 가는 여행은 '이것도 저것도 아닌 여행'이라고 했다. 종균배

양실과도 같은 도시에 붙들린 시간이 길어질수록 우리 일행(대양 직원 13 명과 동행자 3인)은 가물가물해지는 히말라야에 대한 기대를 붙잡기 위해 안간힘을 쓰고 있었다. 여행을 시작할 때 품었던 '동기'와 '풍경'이 불안 으로 바뀌어 갔기 때문이다. 여행은 유목nomadism이다. 어딘가를 향해 움직이지 않는다면 그건 여행이 아니다.

골이 깊어야 뫼가 높다

히말라야를 걷다 3

현대의 산업주의가 붕괴를 하면서 '후기 구조주의', '포스트모던'과 같은 새로운 시대와 새로운 가치를 모색하는 이론들이 등장하기 시작했고, 이런 이론을 주장한 학자들은 가타리F. Guatari와 들뢰즈G. Deleuze 같은 이들이다. 이들은 우리가 살고 있는 공간을 '계량 가능한 공간'과 '계량 불가능의 공간'으로 나누어 설명하고 있다. 쉽게 말하자면, 지금까지의 산업문명이란 이 계량 가능한 공간을 정복하고 소유하는 것이었다. 그런데 앞으로 오는 세기는 계량 불가능의 공간에서 벌어진다는 거다. 이를테면, 지적도에 등록하여 소유할 수 없는 공간 속에서 인간의 삶이 이루어지는 세기라는 이야기다. 그러면 분할하고 계측할 수 없는 그런 매끄러운 균질 속의 세계란 어떤 것일까? 그렇다. 우리가 시원의 공간으로 이해하는 '하늘'이 바로 '그곳'이고, '그것'이다.

예정대로라면 카트만두에서 우리 일행은 4~5시간 혹은 7~8시간을 달려 해발 2,000미터 언저리인 깔리까스탄이나 둔체까지 이동해야만 다음날의 발걸음이 짧고 가벼울 터였다. 하지만 카트만두의 텃세는 그리 만만하지 않았다. 우리는 겨우 카탈리라는 길가 숙소에서 히말라야의 첫날밤을 맞아야 했다. 그날은 마침 동네 청년의 결혼식이 있어서 밤새 버들피리소리 같은 흥악興樂이 캄캄한 밤하늘을 휘돌았다. 다음날 새벽에 우리는 다시 출발했고, 버스는 산행 출발지인 깔리까스탄을 향해 낭떠러지에 매달렸다. 차마 '달린다'고 말하지 못하는 건, 마치 풀쐐기 애벌레가 나뭇가지 끝에 매달려 겨울바람을 이겨내듯 그렇게 버스가 대지의 난간을 내달았기 때문이다. 흔히들 '천길 낭떠러지'라고들 하지만, 버스는 만길 구름 위를 날아가는 것 같았다. 행여 자동차가 스르륵 저 밑으로 굴러 떨어진다면 고요히 눈을 감고 있는 게 훨씬 행복하겠단 생각이 들었다. 까마득한 저 밑바닥까지 당도하려면 몇 십 분은 족히 걸릴 테니 말이다. 그 긴 시간을 고요하게 누리는 게 인간이 할 수 있는 마지막 행복이겠다 싶었다.

우리 교회와 남선교회 회원들은 매주 토요일에 등산을 한다. 교회 주변의 가까운 산들을 오르는데, 산길 곳곳마다 등산로가 잘 마련되어 있다. 안내판도 있고, 때론 운동기구도 보인다. 그리고 이정표에는 어디까지 0.9km 또는 정상까지 2km와 같이 '길이'로 표기되어 있다. 예를 들면, 서울까지 98km, 부산까지 500km와 같은 거다. 이 길이로서의 삶은 다시 넓이와 부피로 확장이 된다. 미터-평방미터-입방미터 이렇게 말이다. 결국 이 길이, 넓이, 부피가 우리의 삶을 현재화한다. 산업사회의 표본인 '계량 가능한 공간'이기도 한 이것이 근대 경제학 개념 중 하나인 지대론地代論, 즉 땅이다. 그런데 깔리까스탄으로 가는 그 낭떠러지에 달라붙고 보니, 히말라야의 이정표는 '길이'가 아니라

'높이'였다.

우리나라 백두산 높이의 두 배나 되는 산을 닷새 동안 오르는 동안, 우리는 그 어디에서도 앞으로 몇 미터라는 이정표를 보지 못했다. 이 말은 어디까지 몇 미터, 어디까지 몇 킬로미터 하는 길이의 단위가 없다는 뜻이다. 그곳에 사는 사람들의 생은 길이가 아니라 높이였다. 어느 동네까지 몇 킬로미터가 아니라 여기는 해발 몇 미터, 저기는 해발 몇 미터 하는 식이다. 거기엔 길이나 넓이나 부피처럼 '계량 가능'한 삶이 아니라, 하늘을 상징하는 높이의 '계량 불가능'한 공간이었다. 이미 후기 구조주의와 포스트모던이 생성된 세계였던 것이다.

그제야 히말라야로 가는 길이 만길 낭떠러지인 걸 알았다. 길에서 높이로 나가고자 할 때 맛보아야 하는 의식의 통과의례라는 걸 말이다. 낭떠러지에 매달리지 않으면 길로 살았던 부정을 씻을 길이 없기 때문이다. 부정을 씻지 않고서는 높이를 탐할 수 없기 때문이다. 이는 마치 사원으로 들어가는 입구에 무시무시한 나한들이 칼과 쇠스랑을 들고 눈을 부라리며 출입자의 정수리부터 발끝을 훑어 마음을 정화시키는 것과 같은 이치일 것이다. 그렇다. 골이 깊어야 뫼가 높은 법이다!

어느 철학자의 공중그네

히말라야를 걷다 4

나는 신학교 1학년 때 그 책을 읽었다. '현대 신서'라는 포켓북이었는데, 아직은 어리어리하여 신학 사상이라는 게 생기기도 전이다. 그러니 책에서 말하고자 하는 것이 명확하게 뭔지는 알 수 없었다. 그러나 '신학이 이만하다면 즐겁겠다'는 생각은 들었다. 아직도 이성의 기억장치에 그때 그 책과 저자의 이름이 또렷하게 남아 있는 이유도 그래서일 거다. 그 책이 바로 『춤추는 신』이고, 저자는 하버드 대학의 신학교 교수였던 샘 킨이었다. 그 이후 샤르뎅, 존 캅, 화이트헤드 같은 이들의 번역된 책들을 배고픈 사람처럼 찾아 읽었다. 샘 킨에게 있어서 '춤추는 신'이란 박제되고 조직화되어 종교의 상징이 된 신이 아니라, 사람들의 삶 속에서 역동적으로 살아 움직이는 존재였기 때문이다. 그조차 방향성을 갖고 어디론가 움직여 가는 신이었던 것이다.

몇 십 년이 흐른 어느 날, 나는 샘 킨에게 또 한 번 놀라운 감동을 받았다. 정확하게는 그가 쓴 책을 통해서다. 하버드 대학에서 종교철학을 가르치던 그가 교수직을 내팽개치고 공중그네를 타보려는 마음을 갖는다. 예순두 살이 되던 해, 그는 그의 학문에서는 더 이상 자유를 얻을 수 없다는 결론을 내고, 마침내 공중그네를 타면서 알게 된 깨달음의 진실 세계를『공중을 나는 철학자』라는 책을 통해 펼쳐놓는다. 그 책의 112쪽에는 다음과 같은 내용이 담겨 있다.

동작을 취하는 순간에 잘못해서 등으로 떨어지지 못하면, 화살이 빗나가거나 녹차를 쏟을 염려는 없지만 부상을 입게 된다. 티토 가오나의 몸동작을 연구한다면, 헤밍웨이가 위대한 투우사를 '중압감 속에서도 우아하다'고 묘사한 것을 이해할 수 있을 것이다. 떨어지는 기술을 익히는 것은 이와 같은 것이며, 따라서 그것은 수도승의 수행이라기보다는 세속에서 하는 훈련이다. 공중에 있을 때나, 중년이 될 때, 우리는 종종 어쩔 수 없이 변화해야 한다. 묘기에 실패하고, 해고당하고, 이혼하고, 병에 걸리고, 좌절할 때, 우리는 과거의 습관에 따라 그대로 행동할 것이다. 그러면 우리는 변화하기 어렵다. 떨어지는 동안 몸을 돌리는 기술을 익히지 못한다면, 습관에 의해 매번 똑같이 정해진 곳으로 끌려갈 것이다.

수평적인 삶에서 수직적인 삶으로 나아가는 아찔한 통과의례를 거친 후 우리는 샤부루베시(1,460m)에 도착했다. 봄볕이 산의 아랫도리에 뿌려지고 있었다. 사람들도 살고 있었다. '살고' 있다기보다는 그저 '있다'는 말이 맞을 거다. 얼굴과 마음이 나누어지지 않은, 산처럼 묵묵하게 느껴지는, 빠르지도 느리지도 않은 움직임은 마치 산의 혼령들처럼 느껴졌다. 아이도, 어른도, 짐승도 모두 산의 혼령 같았다. 그래서였을까? 아무도 그들에게 말을 걸지 않았고, 누구도 우리에게 말을 걸어오지 않았니다. 다만 오다가다 바람소리처럼 어디선가 "나마스떼" 하는 소리가 돋았다간 사라졌다.

계곡을 가로지르는 다리를 건너 랑탕 계곡을 왼쪽에 끼었을 때 모두들 허리춤을 받게 잡았다. 눈앞에 높이 7,000미터의 설산이 우리를 내려다보기 시작했기 때문이다. 히말라야니까, 세계인 누구나 아는 유명한 산이니까, 많은 사람이 웅성거리며 오르내릴 거란 짐작은 맞지 않았다. 우리 일행 외에는 아무도 산으로 들어가는 이가 없었다. 총 길이 2,400킬로미터의 히말라야가 고작 1미터 몇 센티미터의 길이를 가진 존재를 압도했기 때문일까? 앞선 이의 등에 얹힌 배낭에는 비장한 침묵 같은 게 도사리고 있었다. 히말라야는 고대 산스크리트어로, 눈雪을 뜻하는 히마hima와 거처를 뜻하는 알라야alaya가 어울린 말이란다. 히말라야에서 사람은 주체가 아니다. 돌이나 나무처럼 사람은 그저 '있는' 존재일 뿐이다. 이곳의 주체는 '눈'이다. 눈이 하늘이 되고, 눈이 바람이 되고, 눈이 산이 되고, 눈이 생명이 되는 세상이다. 그러니 무의식 가운데 압도된 이성들이 산의 들머리에서 입을 다물고 만 것이다.

2,400킬로미터의 히말라야 자락에 이제 막 발을 들여놓던 내가 샘킨을 떠올린 것은 무슨 이상증세였는지 모르겠다. 수직으로 서 있는 길을 들어서는 순간, 공중그네가 하늘로 높이 솟구쳤다가 밑으로 하강하는 아찔한 장면이 현기증처럼 스치듯 일어났다. 왜 그 순간에 '오

르는 힘보단 떨어지는 기술'을 익혀야 한다던 말이 생각났는지는 아직도 모르겠다. 그렇게 떨어지는 기술을 익히기 위해 우리는 하늘로, 눈들이 거처하는 도시를 향해 올라갔다. 도멘(1,672m)에서 네팔 막걸리로 목을 축인 일행은, 다시 어둑어둑해지는 밤부(2,030m)까지 기어 올라갔다. 히말라야를 가는 발은 자동식이 아니라 수동식이다. 무의식으로 내딛는 발이 아니라 자의식으로 내딛어야 하기 때문이다. 발을 내딛는 매 순간은 '잘 떨어지기 위한 수련'이다. 히말라야는 '중압감 속에서도 우아한' 영혼의 수련장인 게 틀림없었다.

불인지병不仁之病

히말라야는 15명씩 4개조로 나뉘어 순차적으로 갔다. 내가 속한 조는 2조였는데, 나 외에 〈대양〉의 직원이 아닌 사외인社外人이 두 명 더 있었다. 히말라야로 가기 몇 달 전부터 매주 한 차례씩 조별 산행 연습을 했던 터라 별문제는 없었다.

우리 세 명과 회사 대표인 장로님은 다른 일행보다는 조금 뒤에서 느긋하게 걸었다. 그러다 보니 자연스럽게 많은 대화를 하게 되었다. 무신론자이신 이원상 선생은 줄곧 내게 데이비드 밀의 『신은 없다』는 책을 내용으로 질문을 하셨고, 한상훈 장로는 카렌 암스트롱의 『신을 위한 변론』을 들이밀었다. 그리고 정세환 장로는 기업의 리더답게 '신앙과 경영'에 대한 철학을 들려주었다. 대화는 유익했다. 진정성을 담보한 대화가 늘 그렇듯이 말이다. 그러나 뭐니뭐니해도 정세환 장로의 '경영과 신앙의' 철학적 사유가 가장 으뜸이었다. 다음은 정 장로님과의 대화를 정리한 것이다.

손발이 마비되어 감각을 잃는 병을 옛날에는 '불인不仁'이라고 했답니다. 불인이라는 말은 죽었다는 뜻입니다. '불인'이 죽은 것이니 산 것은 '인仁'이 되는 셈이죠. 그래서 복숭아나 살구 씨를 심어서 싹이 트는 것을 도인桃仁, 행인杏仁이라고 하는 겁니다. 여기서 '仁'은 단순히 '어질다', '착하다'는 형

2장 자연과 문명에 대한 반응 **105**

용보다는 살아서 움직이는 '생명성'을 의미합니다. 한문에는 딱딱하게 굳은 것들을 '생명'이라 하지 않고 '물건'이라 합니다. 물건을 셀 때의 단위 표현은 '개個'입니다. 개는 '굳을 고固' 앞에 '사람 인人'이 붙습니다. 문자 그대로 읽으면 딱딱하게 굳어固버린 사람人이 바로 물건個이라는 뜻입니다. 죽어 굳은 시체인 거죠.

서구 문명에 익숙해진 오늘날, 개인이니 개성이니 개체니 하는 말들은 마치 지식인의 숙제요 사명처럼 되었습니다. 그러나 한자로 조명해 보면 개個라는 문자 뒤에는 이렇듯 살벌하고도 무서운 그림자가 숨어 있습니다. 현대 문명의 아이콘icon이기도 한 패스워드password는 결국 생명의 연대감을 상실한, 시체와 다름없는 물건이 되어버린 사람을 상징하는 기호가 된 것입니다. 굳이 자원字源을 따지지 않더라도, 그리고 한자가 빛을 잃은 오늘날에도 다른 사람을 칭할 때 한 개, 두 개… 한다면 화를 낼 게 아닙니까? 서양의 '개'는 사랑스러운 것이지만 우리에게 '개'는 모욕적인 것입니다.

결국 인간을 개個로 생각하는 서구 문화와 인간을 인仁으로 파악하여 사람과 사람과의 관계를 중시하는 한자 문화권에서는 같은 기업이나 산업이라고 해도 기본적인 차이가 있어야 합니다. 미국 상품이 일본 상품에 밀린 이유도 기술이나 자본이 아니라 소비자를 생각하는 인간관계의 결여에 있습니다. 추잉검을 만들기는 미국이 만들었지만, 그것을 세계에 가장 많이 판 나라는 일본이랍니다. 왜냐하면 일본 사람들은 껌을 씹는 소비자의 입장에서 의치에 달라붙지 않게 만들었다는 것이죠. 거기서 '서비스 정신'이 나왔고 그것이 현대화한 '인'이라 할 수 있습니다. 앞으로의 세대를 말한다면, '인인주의仁仁主義'가 보다 새로운 열쇠가 될 겁니다. 이윤을 추구하는 기업인이나 건설회사라고 해도, 인간의 인연이나 그 인간관계를 중시하지 않을 수 없는 거죠. 이처럼 인간의 관계를 중요하게 여기는 '인인주의' 기업경영은, 기독교 신앙의 주체인 하나님과 사람을 제일로 사랑하라는 원칙과도 부합하는 것이고, 메주가 뜨고 김칫독의 김치가 익을 때를 기다릴 줄 알았던 민족문화 정신과도 상통한다고 할 수 있습니다.

현대 산업사회는 벽에 부딪혔다. 산업사회뿐만이 아니다. 정신도, 종교도 마찬가지다. 물질과 정신, 개인과 집단, 사람과 자연이 조화를 이루지 못하기 때문이다. 이는 결국 개個와 인仁을 해석하는 정신으로부터 비롯된 것이다. 그런 의미에서 정 장로님이 말하는 인인주의仁仁主義는 신학적 통찰에도 유효하다고 하겠다.

히말라야의
오 솔레미오!

히말라야를 걷다 6

그대의 삶이
타인에 대한 불평과 원망으로 가득할 때
아직 길을 떠나지 말라

그대의 존재가
이루지 못한 욕망의 진흙탕일 때
불면으로 잠 못 이루는
그대의 밤이 사랑의 그믐일 때
아직 길을 떠나지 말라

쓰디쓴 기억에서 벗어나
까닭 없는 기쁨이 속에서 샘솟을 때
불평과 원망이 마른풀처럼 잠들었을 때
신발 끈을 매고 길 떠날 준비를 하라

생에 대한 온갖 바람이 바람인 듯 사라지고

욕망에 여윈 순결한 사랑이

아침노을처럼 곱게 피어오를 때

단 한 벌의 신발과 지팡이만 가지고도

새처럼 몸이 가벼울 때

맑은 하늘이 내리시는

상쾌한 기운이 그대의 온몸을 감쌀 때

그대의 길을 떠나라.

「상쾌한 뒤에 길을 떠나라」라는 고진하의 시다. 장자도 그랬다던가. 그믐엔 길을 나서지 말라고! 마침 우리가 히말라야의 랑탕을 찾은 때는 보름이었다. 낮의 풍경도 풍경이려니와 밤의 그 진득한 달빛은 어떠했을까? 어둑어둑한 저녁시간에 밤부(2,030m)에 도착했다. 히말라야 계곡에서의 첫날밤이다. 샤부루베시에서 줄곧 계곡의 오른쪽으로 오르다가 드디어 왼쪽으로 갈라서는 지점에 이른 것이다. 스물여덟 살 난 주인장과 예쁘장하게 생긴 그의 아내, 그리고 거무튀튀해서 더욱 강하게 느껴지는 그들의 어린 아들이 롯지를 지키고 있었다. 랜턴을 켜고 저녁식사를 했다. 그러고는 곧 설산이 훤히 내다보이는 창이 달린 방에 누웠다. 계곡물 흐르는 소리가 마치 바다와 같아서 산에 들었는지 바다에 빠졌는지 모를 지경이었다. 달은 동에서 서로 흐르고, 물은 남에서 북으로 흘렀다. 자다 깨면 달이고, 깨다 자면 다시 달이 나를 쫓아왔다. 히말라야의 품에 든 지 하루밖에 되지 않았지만, 태양은 장엄한 산에 가려 쉬이 드러나지 않았다. 여기선 산이 곧 태양이다. 그러나 밤이 되면 그 장엄의 바다를 모두 침묵케 하는 높이와 넓이를 무력하게 하는 달빛이 산과 태양을 무릎 꿇렸다.

히말라야의 높은 산봉우리며, 천둥 치듯 하늘로부터 쏟아져 내리는 물줄기, 하늘을 가득 덮어 가끔 높이를 망각케 하는 원시림은 모두 달빛이 먹이고 키운 것들이다. 히말라야에선 산이 높아 태양도 깊으니 그도 그만 달이 된다. 그러나 너무 깊어 히말라야에 사는 사람들은 밤이 되어도, 아무리 휘영청 달이 밝아도 우리처럼 집 밖으로 나와 놀이를 하지 않는다. 그저 납작 엎드려 있다. 그게 우리와 다르다면 다르다. 달빛의 무게가 너무 무거워서일 게다. 그런데 내가 누군가! 팔월 한가위에는 '강강술래', 정월 대보름에는 '답교놀이'를 하던 민족의 자손이 아닌가! 얼마나 달을 사랑하는 민족이었으면 『패관잡기稗官雜記』에 '답교'는 사랑의 다리를 건너는 행사라고 했을까. 달이 있고 님이 있어 더없이 행복해지는 게 달밤이었다. 그러니 랑탕에서 맞는 보름달이 밤새 얼마나 내 영혼을 보챘을까. 히말라야에서 돌아온 지 달포도 더 지난 지금도 마음이 넘친다. 태양을 노래하는 서구인들은 히말라야에서 보름달을 만나도 나와 같지는 않을 테다. 그들의 노래는 태양을 찬송하는 '오 솔레미오'이니.

오 맑은 햇빛 너 참 아름답다
폭풍우 지난 후 나 더욱 찬란해
시원한 바람 솔솔 불어올 때
하늘의 밝은 해가 비친
나의 몸에는 사랑스런
나의 햇님만 비친다
오 나의 나의 햇님
찬란하게 비친다.

밤부의 보름달은 닷새 동안 나를 따라다니며 거문고를 뜯고 차를
따랐다. 낮에 히말라야를 걸어서가 아니라 밤마다 달빛에 노닐어 신선
이었다. 계수나무에 토끼며, 은하수를 건너는 조각배, 푸른 달빛 속에
서 유년의 사진들이 밤마다 인화되었다. 히말라야의 만년설은 달이다.
기울고 차서 몇 번이나 다시 탄생함으로써 변하나 변하지 않은 신비를
닮았으니 말이다. 히말라야야말로 달빛처럼 무수한 죽음과 삶의, 절망
과 희망의 그림자가 아닌가!

봄은 빛光, 가을은 볕陽

곱던 단풍이 시들해졌다. 단풍이 시들해지자 해도 시들시들해졌다. 대낮에도 백열전등을 켜야 할 것처럼 우중충하다.

봄의 햇빛은 반짝이고 만물을 살랑대게 한다. 봄빛은 가벼워 무엇에나 부딪힌다. 난반사하는 열광의 빛이다. 그래서 봄의 햇빛은 희다.

가을의 볕은 다르다. 묵직하고 은은하다. 가을볕은 사물의 깊숙한 곳으로 빨려 들어간다. 결코 튀지 않는다. 살랑대지 않기 때문에 함부로 대하기 어렵다. 침묵하고 천천히 움직이기 때문에 어른스럽다. 그래서 가을의 햇볕은 붉다. 그게 단풍이다.

봄의 난반사하는 '햇빛'이 청년이라면, 가을의 스며드는 '햇볕'은 장년이다. 묵직하지 않으면, 볕이 스며든 혼이 아니면 아직 장년이 아니다. 봄의 햇빛처럼 마냥 까불대기나 하는, 철나지 않은 어린아이다.

자작나무 論

언제부턴가 사람들이 자작나무 타령을 한다. 인제군 원대리에는 수만 그루의 자작나무 숲이 있는데, 찾는 이가 줄을 섰다고 한다. 토요일마다 가는 산행 길에서 자작나무를 만나기라도 하면 누군가 선언하듯 말한다. "저기 자작나무 좀 보세요." 아주 반가움과 경외가 묻어나는 음성이다. 그런데 왜 갑자기 자작나무 타령일까? 무엇 때문에 그러는 걸까? 숲이 그리워서라면, 숲이 주는 생생한 기운들이 몸에 좋은 까닭이라면, 천지사방에 잣나무, 낙엽송, 소나무, 참나무 숲이 있잖은가! 그 유명한 편백나무도 있고, 가평 남이섬에 가면 키다리나무도 있잖은가! 그런데 하필 '자작나무 숲'이 사람들의 마음속에 융숭하게 뜨는 이유는 무엇일까?

자작나무의 흰 껍질을 백화수피白樺樹皮라고 한다. 경주 천마총에서도 나왔고, 4~6세기 유물인 금관총에서도 나왔다. 일설에 의하면 팔만대장경에 사용된 나무도 자작나무라고 한다. 그렇다면 자작나무가 목재로서의 훌륭한 가치가 있는 걸까? 팔만대장경이 자작나무라는 일설도 있지만 '산벚나무'라는 목재학자도 있다니, 아무래도 자작나무는 나무 자체의 효용성보다는 그 흰 껍질이 주는 상징성에 의미가 있는 것 같다. 시베리아 일대에 살았던 흉노족과 선비족의 무덤에서도 백화수피가 나왔다고 하니, 이는 권력과 권위와 숭배의 의식화로 보는 게 맞겠다. 흰 자작나무는 그 색깔로 '벼슬'과 함께 '신앙'을 말하는 것이다. 그러니 자작나무에 대한 현대인들의 융숭한 마음은 고착된 신분 계층에 대한 상승의 욕구를 반영하는 건 아닐 테고, 몸에 좋은 생화학 물질이 방출되기 때문도 아닐 터이며, 백화수피의 역사성 때문도 아닐 터이다.

근래에 사람들이 자작나무와 자작나무 숲에 대해 호의를 넘어서는 애정을 보내는 까닭은 '종교심' 때문이리라. 교회가 이리도 많고, 절간은 산이 넘쳐 저자거리로 나왔고, 곳곳마다 점집이 널려 있는데 '종교성' 때문에 사람들이 자작나무 숲을 흠모하다니? 교회가, 성당이, 절이, 점집이 많으면 뭐하나. 하나같이 계측계량計測計量의 거대한 상업공간이 된 지 오랜데…. 그러니 영혼의 종착지를 찾는 마음들이, 심심하기 그지없는 색깔조차 무에 가깝고 목재의 상업성은 따지고 묻지도 않는 자작나무의 '단순 소박'에 끌리는 게 아닐까 싶다.

옛날 사람들에게 나무는 '숭배'의 대상이었다. 켈트족이 숭배했던 나무의 이름은 한글 '나무'와 비슷한 '네뮈'였다. 리투아니아인은 '떡갈나무'를, 고대 그리스인은 '측백나무'를, 로마 사람들은 '딸기나무'를, 세네갈 사람들은 '편야'라는 나무를 숭배했다. 중국이나 한국은 산소 주변에 잎이 푸른 소나무, 측백나무, 회양목을 심어 나무의 푸른색을

죽은 자의 혼백과 동일시했다. 이 오래된 거룩한 본성이 자작나무에
꽂힌 것일 게다.

사랑이란

사랑이란
'같은 방향을 보는 것이다'
라고 말하는 이가 있다.
틀린 말이다.
같은 방향을 함께 보는 것은 사랑이 아니라
종속이다.

그러면 사랑이란 뭐란 말이냐?
'각기 다른 방향을 보면서 함께 걷는 것이다.'
이게 내가 하고 싶은 말이다.

앞의 문장은 쉽고
뒤의 문장은 어렵다.

꼭꼭 씹어야 단물이 난다.

'곡진의 예'로 봄을 맞으라!

아마 이번 주엔 어떤 농부가 감자 눈을 따서 밭에 묻었으리라. 농사철이 시작된 것이다.

예로부터 우리나라엔 '절후표'라는 게 있다. 한 해를 스물넷으로 나눈 절기를 음력으로 표시하여 나타낸 표를 말하는 건데, 거기에 보면 10월의 '입동'을 설명하는 구절에 '雉入大水爲蜃치입대수위진'이라는 말이 나온다. 입동에는 꿩이 바다로 들어가 변화되어 조개가 된다는 뜻이다.

그 '조개'를 농기구로 사용하면서 '조개 신蜃'이 '농사 농農'자로 변했다. 이른바 '농'은 조개辰로 곡진曲하게 하는 행위라는 뜻이다. '곡진曲辰'은 또 뭔가? 때에 맞춰 정성을 다한다는 것이다. 농사란 그런 거다. 때에 맞춰 농구農具인 조개껍질로써 종자를 심고 김을 매야 하는 게 '농사農事'다. 김을 맨다는 뜻의 한문인 '누耨'자에도 조개껍질인 '신辰'자가 들어가 있다.

따지고 보면 문명이 발전해서 농기구가 다양하고 번드르르해졌지만, 그 모양새나 쓰임새는 결국 '조개껍질'의 변형 이외에 별거 아니다. 이제 때가 되었다. 너나없이 조개껍질 하나씩 들고 들판으로 나가 '곡진의 예'를 다해야 할 때다.

식물이나 나무가 그러하듯이, 바람이나 햇살이 그러하듯이, 개구리나 토끼가 그러하듯이, 하늘과 땅이 그러하듯이, 사람도 '曲辰의 禮'로 봄을 맞아야 한다.

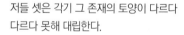

돌과 나무와 하늘

저들 셋은 각기 그 존재의 토양이 다르다
다르다 못해 대립한다.

그런데도 저렇게
서로를 포용하여 뿌리가 되고
가지가 되고 잎새가 되어
땅이며 하늘이며 바람으로 자라고 있다.

그대, 저 장광한 그림 속에서
줄기가 된 돌과
가지가 된 나무와
잎새에 이는 파란 바람이 된 하늘을 보는가!

나도 오늘 아침
저 돌 수관樹冠을 따라
하늘로 올라 바람을 품는다.

교교함에 대하여

짚방석 내지 마라 낙엽엔들 못 앉으랴
솔불 혀지 마라 어제 진 달 돋아온다
아희야 박주산채薄酒山菜일망정 없다 말고 내어라

글씨 잘 쓰기로 유명한 한석봉의 단시조다. 아무리 가난한 사람도
달을 쳐다보거나, 달빛을 쐬고 있거나, 달빛 아래 있으면 이렇게 신선이
된다. 우리네 조상들은 단지 인생사의 빈부를 오로지 주머니에 들고나
는 엽전의 양과 부피에만 두지 않았다. 비록 남의 집 종살이를 하고 있
어도 달이 차기만 하면, 보름달이 솟기만 하면 계수나무 토끼며, 은하
수를 건너는 조각배를 타고 거친 인생사를 건너 현실의 풍요에 당도하
곤 했었다.

서양의 영웅들이 태양을 우러르며 도전과 호기의 발톱을 세울 때,
우리는 팔월 한가위, 정월 대보름의 '밝고 맑은皎皎' 기운 속에서 '강강

술래'와 '답교놀이'를 하며 남녀가 어울려 사랑과 행복과 정情의 물레
방아를 돌렸다.

제 아무리 달빛이 밝다고 해봤자 투명한 유리에 반사되는 호롱불
에 미치지 않았을 테고, 훨훨 타는 솔불(관솔불)에 비교되지 못하며, 근
자에 등장한 전등이며 휘황찬란한 네온사인에 비할 수 있을까. 더구나
전구의 혁명이라는 LED의 망령에 달빛은 차라리 '같잖은 빛'이다. 그
러니 이 세대가 '교교皎皎-맑고 밝은 달빛'라는, 정과 심미로 축조된 '정情
의 언어'를 알 리 있겠는가!

느랏재에서 명봉까지 산길을 걸었다. 봄밤이었고 달빛 아래였다. 지
난밤 이후로 거듭 쓰는 언어지만, 달빛이 가랑잎에 미끄러지고 경사면
을 굴러 산 아래로 쏟아지고 있었다. 그 빛들이 평지에 도달하자 비로
소 갖가지 꽃들로 피어나는, 그런 달밤이었다. 봄밤과 달빛에 흥분하고
취한 혼이 툭툭 '교교합니다' 해도, 누구 하나 그 '교교함'에 대해서 입
을 열지 않았다. 뜻을 모를 리야 없지만, 실로 그 말의 깊이가 가늠되지
않았기 때문이리라.

'교교함' 그것은 단지 '밝고 맑은 빛'만이 아니다. 그것은 정이며, 사
랑이며, 흥분이며, 감싸 안음이며, 현실의 빈궁을 넘어서는 부유며, 찰
나의 생을 건너가는 영원의 조각배다. 전등 밑에 웅크리고 욕망을 도
모하는 군상들이 저 깊은 산중 달빛의 교교함을 어찌 알랴!

옥수수를 어디다 심나

예배당 주변에 귀때기 땅 몇 평이 있다. 지난가을에는 튼실한 배추 400여 포기를 수확했으니, 아주 작다고는 볼 수 없다. 어느 해에는 청년들이 밭을 경작하고, 또 어느 해에는 여선교회가 농작물을 심고 가꾼다. 고추도 심어보고, 깨도 심고, 고구마며 옥수수도 심는다. 가급적이면 2모종 수확을 한다. 봄에는 강냉이를 심어 여름에 따 먹고, 장마가 지고 나면 김장용 채소를 심어 김치를 담그는 식이다. 요즘은 들깨모를 심는 철이다. 물론 기대한 만큼 농작물이 잘 자라지는 않는다. 생전 처음 강냉이 씨앗을 땅에 심고 새싹이 자라는 걸 본 이들도 있으니, 어찌 이들의 손에서 농작물이 잘 자라길 바랄까?

웬만하면 밭을 없애고 주차장으로 쓸 수 있겠지만, 벌써 십수 년째 '경작용 토지'로 구분 지어 놓고 있다. 농사란 또 다른 '하나님의 말씀'이라는 생각에서다. 요즘처럼 옥수수 대궁이 굵어지고 붉은 수염이 돋을 즈음엔, 솥에서 김이 무럭무럭 나는 삶은 옥수수를 기다리는 나날도 즐겁기만 하다. 금년 봄에 옥수수 씨앗은 김 목사가 넣었다. 생전 처음 해본 거라 했다. 옥수수 싹이 땅에서 올라오던 어느 날 아침, 출근하면서 항상 귀때기 밭을 거쳐 사무실로 들어서던 그는 탄성을 질렀다. "목사님, 제가 심은 옥수수가 싹을 냈어요!" 마치 자신이 대지를 뚫고 올라온 옥수수의 새싹인 양 그렇게 소리를 질렀다.

그러나 봄이 익어갈수록 가뭄도 깊어졌다. 예쁘게만 보이던 옥수수 새싹은 비실비실 말라갔지만 우물과 멀리 떨어져 있어서 물 댈 엄두도 내지 못했다. 씨앗을 심은 김 목사가 몸이 달아 물을 퍼다 밭에 뿌리자고 했다. 모르고 하는 말이다. 물이 밭에서 먼 탓도 있었지만, 봄에 밭을 일굴 때 '이랑'과 '고랑'을 정확하게 만들지 않았던 탓이다.

농사를 지어보지 않은 이들은 이랑은 뭐고 고랑은 뭔가 할 것이다. 혹시 그 말이 그 말 아니냐고 할지도 모르겠다. 하지만 아니다. 이랑과 고랑은 어처구니의 '어처'와 '구니'처럼 서로 다른 형상을 이르는 말이다. 농사짓는 솜씨가 달라지고 농사마저 사라질 지경이 되니 농사에 딸린 말도 더불어 사라졌다. 극정이, 쟁기, 써레, 곰배… 이러면 누가 이 말들을 알아들을까?

밭농사는 반드시 고랑과 이랑을 만들어야 한다. 흙을 갈아엎어서 흙을 보드랍게 한 후에 고랑에서 퍼 올린 흙으로 이랑을 만들어 씨앗을 넣거나 모종을 옮겨 심는 것이다. 그러니까 밭에 심는 모든 것은 이랑에 심어야 한다. 그냥 '밭'에 씨앗을 심는 게 아니라, 밭이랑에 심어야 한다는 말이다. 그럼 고랑은 뭘 하는가? 제 흙을 이랑에 넘겨주고

스스로 낮아져 이랑의 남새와 곡식을 자라게 하는 바람, 공기, 물 같은 것들을 담거나 내보내는 일들을 한다. 그러니 곡식을 심기는 이랑에 심고, 키우기는 고랑이 하는 것이라 할 수 있다.

그런데 우리 예배당 귀떼기 밭은 봄에 삽으로 굳은 땅을 일굴 때 힘들다고 이랑을 높이고 고랑을 깊게 하지 않았다. 그냥 흙을 파헤쳐서 씨를 심기만 하면 되는 줄 알았기 때문이다. 그러니 물이 고일 고랑이 없으니 물을 퍼다 밭에 쏟는다 해도 물이 담길 수 없는 것이다. 여러 날 장맛비가 내렸는데도 금년에 김 목사가 심은 옥수수는 맛을 볼 수 없을 듯싶다. 고랑을 짓지 않았으니 말이다.

삶에서 고난을 밭의 고랑과 같다고 할 때, '고난은 위장된 축복'이다. 뿐만 아니라 고랑과 이랑이 주는 이런 통찰은 이외에도 각 사람이 공동체 안에서 어떤 역할과 관계를 갖는가에 확장된 깨달음을 준다.

모름지기 튼실한 생명을 길러내는 밭은 고랑과 이랑이 분명할 때 가능한 것이다. 교회라고 다르겠는가.

가을, 원초적 주술의 시간

예배당 느티나무가 아주 멋지게 늙어간다. '늙는다'고 하면 나이든 이들이 싫어할 테니, 그럼 '자란다'고 할까? 그러고 보면, '늙는다'는 것과 '자란다'는 말은 '이음동의어'로도 쓸 수 있겠다.

올 한 해도 잘 자란 느티나무가 어느새 천근으로 내려앉은 가을볕을 이기지 못해 땅바닥으로 나뒹군다. 그 위로 묵직한 가을바람도 올라타고, 아침저녁으로 이슬까지 낙엽을 껴안는다. 한낮의 햇살이 너무 정겨워 손녀를 데리고 그네를 탔다. 열서너 번 앞뒤로 흔들거리던 아이는 금세 내려달란다.

맨땅을 구경하지 못한 아이는(아이가 사는 스위스 몽트뢰은 맨살을 지닌 흙이 별로 없다. 어디든 잘 덮인 아스팔트와 돌멩이 천지다.) 대지의 맨살에 철퍼덕 앉아 손으로 낙엽을 긁어모은다. 그러다 손가락을 까딱까딱거리며 나더러 자기 곁으로 오란다. 내가 "오, 나루!" 하며 다가가 아이의 곁에 엉거주춤 앉자, 아이는 아예 자기처럼 바닥에 앉으라고 땅바닥을 톡톡 친다. 그 시늉이 어른스러워 멋쩍게 앉았다. 나도 아이를 따라 낙엽을 긁어모으는데, 아이는 아예 벌렁 낙엽 위에 드러눕는다.

창세기에 보면, 아담과 하와가 에덴동산의 선악과를 따먹고 자신들의 하체를 나뭇잎으로 가렸다는 이야기가 나온다. 그동안 이게 무슨 뜻인지 해석과 설명이 분분했다. 아담과 하와 이후로 사람들은 부끄러움을 감추기 위해 옷을 지어 입는다는 통속적인 이해를 갖게 되었다.

그런데 요네하라 마리의『팬티 인문학』이라는 책을 보면, 의복은 부끄러움을 감추기 위해 시작된 게 아니라 주술적인 목적으로 시작되었다. 허리 부근에 끈을 두른 게 옷의 처음이었으며, 아담과 하와가 나뭇잎으로 아랫도리를 가린 것은 악령과 사악한 기운의 침입을 막기 위한 주술적인 의식이었다는 것이다.

이런 의미에서라면, 가을은 사악하고 나쁜 영들로부터 신성한 대지를 보호하려고 하나님이 '원초적인 주술'을 거는 시간이 아니겠는가?

돌담, 그 몽상과
실제의 파타피직스

Pataphysics*

싸늘한 돌담에 기대 서서 그대가 보낸 편지를 생각한다.
어제 불던 바람과 마른 풀꽃 이름, 붉게 물든 하늘이 접혀 있고
내 옷자락 끝 강물은 어디만큼 흘러갔는가.
지난날 그대와 나는 버선발로 사뿐히 걸어와서 마주쳐도
깜짝 놀라고 두 눈 꼭 감아도 알아맞히는 푸른 길이 있었지

　　　　　　　　　　　　– 서지월 「돌담에 기대어 서서」 중에서

　시인에게 돌담은 과거형이 되어버린 영상과 자막을 현재로 복구시
키는 재료다. 그렇다고 시인만이 단절과 경계의 '돌담'을 회상의 통로
로 쓰는 것은 아니다. 과거 우리 민족은 '파타피직스의 마술사'였다.

　서구 문명은 '성벽의 문명'이었다. 서구의 모든 문명이 성벽 안에서,
벽돌과 석회로 된 요람 속에서 비롯되었다. 이 성벽은 분리와 지배, 나
라와 나라를 가르는 경계, 지식의 독점과 무지의 복종, 자연과 인간을

가르는 것이었다. 이 성벽을 사이에 두고 두 개의 갈등 집단은 항상 맹렬한 투쟁을 했다.

반면 '숲의 문명'이라고 일컫는 인도는 성벽과 같은 대립의 문명이 아니다. 그들은 그저 자연에 둘러싸인 채 사고하고 철학하며 신앙하는 삶을 산다. 자연의 옷을 입고, 또 그 자연의 온갖 모습과 자신들을 일치시킨다. 경계와 단절, 지배와 피지배가 아니라 자연과의 끊임없는 접촉을 위해 광대, 포괄, 상호침투, 조화의 음악처럼 산다. 땅과 돌과 빛과 열매와 꽃들과 조화하는 전일성全一性의 문명이다.

그러나 서구 사람과 인도 사람의 사고로는 이해 불가능한 것이 우리네 '돌담'이나 '울타리'다. 아무리 가난하고 쓰러져 가는 초가일망정 담이 없거나 울타리가 없는 경우는 거의 없다. 그것은 서구의 '지배' 사고로는 이해 불가이고, 인도의 인간과 자연의 무경계주의로서도 인식 밖이 된다. 산이 겹겹으로 둘러싸여 있는 나라에서, 골짜기 골짜기가 이미 높은 성벽 구실을 하거나 자연 그 자체인 나라에서 무엇 때문에 돌담과 울타리를 쳤을까? 고립과 분열 그리고 지배와 투쟁의 역사 의식적인 생존물일까? 아니다.

우리의 돌담은 폐쇄와 개방의 중간쯤에 있다. 밖에서 들여다보면 그 내부가 반쯤 보이지 않던가? 이런 성벽이 어디 있단 말인가! 우리는 늘 그 토담 너머로 다른 집의 마당가에 핀 맨드라미꽃이나 해바라기, 그리고 사립문을 밀고 나오는 그 집 아낙의 상반신도 볼 수 있었다. 그렇다고 담 너머의 풍경을 대놓고 볼 수 있는 것도 아니었다. 그 풍경이란 보일락 말락의 중첩이었으니, 이를테면 '반 개방성의 개방성'이라고 할까! 그게 돌담이었고 울타리였다.

빨간 고추잠자리가 앉아 있는 사립문, 푸른 넌출**에 반쯤 가려진 하얀 박들이 매달려 있는 돌담의 풍경은 리얼리티reality라기보다는 몽상a dream이었다. 실제의 세계에 설치된 가상의 의식이며, 실용의 세상을 가로지르는 매직스magix한 샹그릴라Shangri-La***였다.

'도둑이 도둑의 마음을 도둑맞을까 두려운' 게 '돌담'이었으니, 도둑을 막기 위한 것도 아니었다. 만약 짐승을 막으려고 돌담을 둘렀다면 담 한구석에 일부러 낸 그 '개구멍'은 무엇으로 설명한단 말인가? 담이 있다 해도 그 담의 반발적이거나 고립적인 이미지는 애시 당초에 없었다. 그저 심심해서 그어 놓은 금線 정도라고 할까.

이 돌담의 반 개방성, 그것은 분열이면서 통일이고, 고립이면서 소통이며, 폐쇄이면서 동시에 개방이었다. 이 어렴풋한 돌담의 경계선, 말하자면 성벽의 문명과 숲의 문명 중간에 있는 돌담은 이 땅에 사는 생명들의 생존율이었다.

그러나 이제는 모두 부질없는 옛날이야기다. 우리는 돌담 대신 철 옹성 같은 벽을 쌓아 올린 채 갈등하고 투쟁하고 있다. 사회 어느 분야건 예외가 아니다. 생존의 현장에는 피를 흘리며 고꾸라지는 쪽과 그걸 기쁨으로 취하는 야만이 득실거린다.

잃어버린 '돌담'을 찾아 길을 떠나야 할 아침이다.

---

*   진중권의 책 『이미지 인문학』 10쪽에 등장하는 용어다. 가상과 현실이 중첩된 디지털 생활세계의 존재론적 특성을 설명하기 위해서 생성된 신조어다. 여기서는 분열이면서 통일인 돌담의 반 개방성 또는 폐쇄와 동시에 개방의 중첩적인 의미를 지닌 '돌담'을 말하기 위해 차용했다.

**   뻗어나가 길게 늘어진 식물의 줄기

***   샹그릴라Shangri-La는 제임스 힐튼이 쓴 『잃어버린 지평선Lost Horizon, 1933』이라는 작품에 나오는 가공의 장소이다. 쿤룬Kunlun산맥의 서쪽 끝자락에 있는, 숨겨진 장소에 소재하는 신비롭고 평화로운 계곡, 영원한 행복을 누릴 수 있고 외부로부터 단절된 히말라야의 유토피아로 묘사되었다. 소설이 대중적인 인기를 얻고 시간이 흐르면서 이 말은 '지상의 어딘가에 존재하는 천국'을 가리키는 보통 명사가 되었다.

직선과 원형의 기하학, 달걀 꾸러미

새벽같이 서울에 다녀왔다. 시원하게 잘 뚫린 고속도로가 있지만, 맹맹하기 그지없는 길을 가기 싫어서 늘 국도를 이용한다. 가평 어디쯤이었던가 오줌이 마려워 차를 세웠다. 오가는 자동차에서 내가 뭘 하는지 모를 만큼의 거리로 가자니 추수가 끝난 빈 들판의 복판에 섰다. 논바닥엔 탈곡을 끝낸 볏짚이 어지럽게 널려 있었다. 까칠하지만 해탈한 얼굴들이었다.

주섬주섬 볏짚을 모아 들고 가평 장에 들러 달걀도 한 판 샀다. 집에 도착하자마자 볏짚에 물을 뿌려 눅눅하게 만든 다음 가지런하게 추렸다. 짚의 일부로는 새끼를 꼬았고, 물을 먹어 눅눅해진 짚으로 달걀 꾸러미를 만들었다. 내 나이 아직 열 살도 안 되었던 초등학교 저학년 때, 오일장에 가야 하는 어머니를 위해 만들던 그 솜씨를 발휘했다.

사실 달걀 꾸러미는 '꾸러미'라는 포장의 개념보다는 달걀이 들어 있던 '둥지'의 구실이 앞선다. 습기를 막아주고 충격을 완화하는 기능이 없지는 않지만, 달걀 꾸러미는 가장 포근하고 안전한 달걀의 집, 제2의 둥지와도 같다. 내가 달걀 꾸러미를 포장의 개념이 아니라고 말하는 뜻은, 달걀 꾸러미가 반 개방성을 가지고 있기 때문이다. 안전하게 포장을 하려면 꾸러미의 절반만 짚으로 두르지 말고 모두 감싸듯이 짚을 덮어 달걀을 싸야 옳다. 그러나 우리네 달걀 꾸러미는 반만 싸고 반은 그대로 두어 밖으로 드러나게 하는데 회화적 의미가 있다.

왜 반만 쌌을까? 기능만을 생각했다면 일본 사람들의 달걀 꾸러미처럼 다 싸는 게 안전했을 것이다. 그러나 그렇게 했다면 포장으로서의 기능은 충족되었을지 몰라도, 달걀의 형태와 구조가 가려져서 그 의미를 상실하게 되었을 게다. 그러면 달걀의 정보성과 언어성이 사라지게 된다. 달걀 꾸러미를 반 개방성으로 하지 않고 완전히 뒤집어 싼다고 생각해 보라. 듣는 것만으로도 확, 신경질이 나지 않는가?

달걀 꾸러미를 반만 싸는 것은 물리적인 기능만 생각한 게 아니고 그 정보성을 중시한 거다. 반만 싼 꾸러미는 그것을 들고 다니는 사람 스스로 조심하게 되고, 그것이 상품으로 전환이 될 때에는 그 신선도나 크기의 정보를 한눈에 전달하는 효과도 있다. 정보만이 아니다. 시각적인 디자인의 미학 또한 담겨 있다. 또 원형의 달걀과 직선의 짚이 이루어내는 기하학이나 유기질과 무기질의 촉감에 있어서 추상조각과 같은 완벽한 대조와 조화의 아름다움은 또 어떠한가?

'달걀 꾸러미'는 기술적 합리주의가 낳은 단순화와 협소화에서의 해방을 시도하는 포스트모더니즘의 예술이다. 왜냐하면 반만 포장된 달걀 꾸러미야말로 기능주의의 합리성을 커뮤니케이션의 합리성으로 대치하는 탈산업화시대의 정신과 통하기 때문이다. 형태와 구조를 노출시키는 아름다움, 깨지지 않게 내용물을 보호하는 합리적인 기능성, 포장의 내용을 남에게 알려주는 정보의 공개성을 동시적으로 내포하고 있기 때문이다.

비즈니스에서는 '부러우면' 지는 게 아니라 '비슷하면' 진다. '차별화'를 위해 치열한 전쟁을 벌이고 있지만, 성숙한 카테고리의 제품일수록 차별화가 아니라 동일화가 일어난다. 예를 들어, 삼성전자의 휴대폰과 아이폰의 기기는 차별화를 추구할수록 점점 유사한 형태로 동일화가 된다는 말이다.

'차별화'는 새로운 사고의 틀이다. 그리고 새로운 눈으로 세상을 바라보는 태도이며 응용이다. 달걀 꾸러미는 기술적 합리주의의 해방을 시도하는 포스트모더니즘의 예술일 뿐만 아니라, 존재 내적인 삶의 풍요를 공급하는 차별화된 의식의 표징이다.

비닐 포장재에 꽁꽁 쌓인 혹은 뚜껑을 덮은 계란을 드실 당신, 노른자위는 홀랑 빼 놓고 단백질만 계란이라고 말하는 당신에게 추상조각 한 점 선물로 보낸다.

'농부'와 '농상인'

목사인 내가 계契를 한다. '형제계'라고, 어머니를 비롯한 칠남매의 친족들과, 어머니의 친정인 외가댁 일가들이 1년에 한 번씩 모여 회포를 푸는 일종의 가족 모임이다. 형제들이 흩어져 살고 있는 지방을 오가며 모이는데, 금년이 춘천 차례였다. 대부분 토요일과 주일을 끼고 모이기 때문에 나는 토요일 오후에 어머니를 모시고 갔다가 잠깐 얼굴을 내밀곤 돌아온다. 고향 횡성에서 더덕 농사를 짓는 외사촌 매형이 제일 먼저 와 있다가 나를 보더니 반가워하셨다. 매형은 자신을 '농부'라고 하지 않았다. 요즘 농사는 마치 공장에서 물건을 만들고 시장에서 파는 것과 같은 '상품商品'이기 때문이란다. 그래서 과거에는 '농부農夫'였지만 지금은 정확하게 말해 '농상인農商人'이라는 것이다.

따지고 보면 그게 어디 농업뿐이랴. 지식이나 예술도, 차이는 있겠지만 비닐 재배의 농작물처럼 궁극적으로 시장에서 거래되는 상품이 아닌가? 그러므로 현대의 '사士'는 누구나 '사상인士商人'이다. 과거 '사농士農'은 여러모로 '공상工商'과 대립 항을 만들어내는 집합부호였다. 그리고 그들의 공통사항은 '돈을 얼마나 버느냐'가 아니라 '어떻게 인생을 배우느냐'였다. 이를테면, 농부가 '밭을 가는 일'과 '글을 읽는 것'

을 동일시했다. '주경야독晝耕夜讀'이라는 말이 바로 그것이다. 공부나 수양을 쌓는 것을 '마음 밭을 간다'고 했다. 농사는 단순한 생산 활동이 아니라 정신적인 가치였다.

그런 농사 행위는 씨種子가 무엇인가를 배우는 것이었다. 씨를 통해 인간의 낳고 죽음, 재생과 연속 같은 실용 철학들을 배웠다. 농사는 곧 씨앗의 문화였다.

그러나 상업문화, 농상인의 삶에서는 '씨'를 통한 인생의 철학을 배우지 않는다. 요즘의 '농상'은 근본적으로 숫자 문화다. 더덕 몇 평을 심을 때 몇 킬로그램을 캘 수 있는지, 그걸 팔면 얼마를 벌 수 있는지, 그러면 얼마의 액수가 남는지 등등, 온통 숫자의 연속이다. 더덕 농상인인 외사촌 매형의 이야기는 끝없는 숫자의 나열이었다. 몇 킬로를 심었는데, 몇 톤을 캐고, 그걸 이 사람에게 저만큼 팔았을 때 이만큼 받았고, 저 사람에게 이만큼 팔았는데 예상보다 수입이 더 생겼다는 식이었다.

상업 문화에서는 숫자가 본능적이다. 그래서 아이를 낳아놓고도 옛날에는 남자인지 여자인지 고추부터 보았다지만, 이제는 발가락이 다섯 개인지 몇 개인지, 발가락 손가락부터 세어보는 세상이 된 것이다. 이게 요즘 세상이다. 그러니 농부나 씨 뿌리는 일을 비유로 하신 예수님의 말씀 앞에서 손가락만 만지작거리는 군상들을 이해 못할 것도 없겠다.

"더러는 좋은 땅에 떨어지매 나서 백 배의 결실을 하였느니라. 이 말씀을 하시고 외치시되 들을 귀 있는 자는 들을지어다." (눅8:8)

수렵문명의 시대

인류 문명을 거시적으로 보면, 수렵채집기와 농경문화 시대로 나뉜다. 이 두 개의 축을 기점으로 생활패턴이나 가치관, 미의식에서 사회형성에 이르기까지 양극의 문화가 생겨나는 것이다.

사냥과 채집에 의존하던 시대는 먹이도 집도 입는 옷도 자기 자신이 만드는 게 아니라 이미 있는 것을 사냥으로 잡아다가 하루하루 때워 가던 불안정한 삶이었다. 그러나 농경문화 시대로 넘어가면서부터는 필요한 것을 제 손으로 직접 만드는 방법을 익히고, 원하는 것들을 미리 장만하고 비축해 두는 안정된 생활을 하게 된다. 그때부터 동굴이 집이 되고 사냥터가 논밭이 된 것이다. 여기까지는 초등학교에서 배운다.

그럼 그 이후의 문명은 무엇인가? 산업사회-정보사회-세계화, 뭐 이렇게 되어 가는 게 문명의 발전사일까? '그렇다'는 답을 얻으려면 지금 우리가 사는 내용물을 들춰보면 된다. 이를테면, 필요한 것을 제 손으로 만드는지 아닌지, 원하는 것들을 미리 장만하는지 아닌지 하는 것들이다. 단도직입적으로 말하면, 우리가 살고 있는 이 시대의 문명은 농경문화 시대가 붕괴되고 새로운 '수렵채집 시대'로 돌아와 있다.

우리가 어렸을 때 팽이를 가지고 놀았다고 하자. 그 팽이는 우리 손으로 직접 깎았다. 그러나 요즘 아이들은 스스로 하지 않는다. 상점에 가서 돈을 주고 사냥하듯 골라 와야 한다. 수렵시대의 활이나 창은 다만 돈이라는 화폐로 대치되고, 사냥터였던 산이나 바다는 상점이나 백화점으로 바뀌었을 뿐이다.

농경문화에서 퇴화되었던 감각들이 생생하게 되살아나기 시작한 게 현대 문명이다. 옛날 숲속의 수렵민들이 그랬듯이 문자보다는 영상이나 소리나 몸짓과 같은 보디랭귀지가 더 위력을 떨치는 세상이다. 농경문화의 특징인 추상적인 무늬와 상징이 사라지고, 대신 생동하는 한 순간의 모습이 아름다움이 되는 세상이다.

요즘은 사랑도 사냥이다. 오죽하면 연애를 거는 게 아니라 보이 헌팅, 걸 헌팅이라고 할까. 농경시대에는 '재미가 깨 쏟아지듯 한다'고 했고, '가슴이 콩 튀듯 한다'고 했다. 모두 농사에 관련된 감정 표현들이었다. 그런데 요즘은 '한 탕 했다', '내가 그녀를 찍었다'고 한다. 이는 수렵시대에 사냥감을 쏘고 찍는 데서 유래된 언어다. 그래서 모두들 한 탕 하고 동굴을 떠난다. 마치 수렵채집기의 인간들이 이 동굴에서 저 동굴로 옮겨 가듯, 사랑도, 삶도, 가치관도, 신앙조차도 수렵채집 시대 사냥꾼의 방식이다.

어쩌랴, 한 탕 하고 떠나면 빈 동굴밖에 남지 않으니! 거기서 불안, 불확실성, 외로움과 불신이 증폭되는 것이다. '기독교 은행'을 만들겠다고 떠들썩하던 목사 무리들이 사기꾼이었다는 세속의 전갈에 문득, 거죽은 글로벌 문명이지만 속은 여전히 수렵채집기인 채로 사는 혼들의 그림자가 '오늘'에 비쳐진다.

나는 오늘
예당저수지로 간다

이스라엘로 성지순례를 다녀온 이들은 한 번씩 맛보았을 터다. 일명 '베드로 물고기Perter Fish'가 그것인데, 예수님 당시 어부였던 베드로가 갈릴리 호수에서 그물을 칠 때 가장 많이 잡혔던 고기라서 그렇게 부른다고 한다. 특별한 맛은 없다. 마치 우리나라의 붕어처럼 생겼는데, 내장을 빼내고 기름에 튀겨서 먹는다.

속설에 의하면, 이 물고기는 수정을 하면 아무것도 먹지 않고 더욱 깊은 물속으로 가라앉는단다. 그리고는 어린 새끼를 낳을 때까지 입에 작은 돌멩이나 동전 따위를 꽉 물고 있다가 새끼를 낳고서야 입에 물었던 것들을 내려놓는단다. 그런 까닭에 성전세를 내야 하느냐 말아야 하느냐고 시비를 하는 무리를 향해 예수님은 "바다에 가서 낚시를 던져 먼저 오르는 고기를 가져 입을 열면 돈 한 세겔을 얻을 것이니 가져다가 그걸로 세금을 내라."고까지 했다. 믿을 만한 이야기라기보다는 들을 만한 이야기다.

믿을 만하기로는 '달고기'라는 학명이다. 달고기의 학명은 'Zeus faber'로서 그리스 신화에 등장하는 최고의 신 '제우스'를 뜻하며, 살아 있을 때 등지느러미의 우아하고 위엄 있는 모습에서 붙여진 것으로 전해진다. 또 프랑스 이름인 '성 피에르'와 독일명인 '페타스피쉬'가 모두 베드로를 뜻하는 이름이 아닌가. 하지만 달고기는 바다에 서식하는 어종이니 민물인 갈릴리 호수에 있었을 리는 없다. 그러면 어째서 달고기에게 '베드로 물고기'라는 이름을 붙였을까? 그것은 달고기의 몸 한가운데 위치한 동전 모양의 검은 무늬가 마치 몸속에 은화가 들어 있는 것처럼 보이기 때문이다. 하지만 갈릴리 호수에 사는 진짜 베드로 물고기는 '시클리드'과고, 달고기는 '달고기'과라고 하니, 믿을 만하기로는 이것도 아닌 것 같다.

여하튼, 나는 오늘 낚시를 즐기는 교우들을 따라 춘천에서 멀리 떨어진 예당저수지까지 출장 낚시를 간다. 왜 갑자기 낚시에 마음이 꽂혔는가 하면, 엊그제 읽은 어느 일간신문에 실린 글 때문이다. '윤이상과 통영의 바다낚시'라는 제목의 글이었는데, 그 글을 읽고 나자 갑자기 낚시는 못하지만 구경이라도 하고 싶은 마음이 봄날 잔디에 불 번지듯 일었다. 윤이상의 "밤 바다낚시를 하면서 바다의 소리를 공명판으로 삼았고, 별 가득한 하늘을 음표 가득한 오선지로 여겼다."라는 표현이 가슴에 불을 붙였다. 그래서 어느 장로님께 속내를 말했더니 당장 가보자고 했다. 바다가 아닌 저수지인 까닭은, 내가 낚시라곤 한 번도 해본 적 없이 생전 처음으로 따라나서기 때문이다.

옛날 선비의 낚시질은 그 뜻을 얻고자 함이지 고기를 얻고자 함이 아니었다. 즉 낚시를 드리우고 세상 인심의 동향을 살피고, 군자와 소인을 구분하는 법을 익혔던 것이다. 무릇 군자란 상대를 속이지 않고 행동거지가 분명한 법이다. 그러하듯이 물고기도 미끼를 건드리지 않고 단번에 덥석 빨아들이는 놈은 군자에 비기는 큰 놈이라고 했다. 옛날 그림에 선비가 낚시하는 그림이 많은 까닭은, 낚시가 안목을 넓히는 방법 중의 하나였기 때문이다. 모름지기 뜻을 얻고자 하는 마음 말이다.

나는 오늘, 낚시하는 것을 구경하기 위해 1박 2일로 예당저수지로 간다. 때는 바야흐로 사순절 기간이 아닌가! 십자가의 큰 뜻 하나 물어오기 위함이다.

"그러나 우리가 그들이 실족하지 않게 하기 위하여 네가 바다에 가서 낚시를 던져 먼저 오르는 고기를 가져 입을 열면 돈 한 세겔을 얻을 것이니 가져다가 나와 너를 위하여 주라 하시니라." (마17:27)

장독대 學

오늘 만난 선배가 내게 물었다. 목사가 난데없이 웬 장독대 타령이냐고, 장을 담그는 것도 아니고, 담가 놓은 장을 퍼다 꼴단 세워 놓듯 늘어놓는 게 어떤 '목회'적 의미가 있느냐고 말이다. 그는 신학교를 나와 번역을 하거나 사진을 찍는다. 『비노바 바베』, 『산야초 이야기』를 번역했고, 책 속에 들어가는 사진들을 찍었다. 나는 대답 대신 '사진'이 형에게 어떤 존재론적 의미가 있는 거냐고 되물었다. 신학교를 나와 나이 60이 되도록 사진을 찍었으면 그만한 답쯤은 있어야 하지 않을까해서라기보다는, 근간 내게 꽂힌 '장독대 학'의 궁색함 때문이었다.

"너나 나나 세상과 사물, 사람과 그 너머의 것들을 보고 해석하고 느끼며 사는 건 똑같은 거지. 넌 문자와 신학적인 전통을 매개로 신의 음성을 듣는 거고, 난 렌즈를 통해 가슴으로 들어오는 태초의 손길을 읽으려는 거지."

하기야, 양자의학Quantum Medichine에선 기억이란, 뇌에 저장되는 어떤 경험과 인식의 총량이 아니라, 온몸이 전체적으로 반응하고 조화하여 일으켜 '가슴'이라는 연못 속에 고인 물과 같다고 했다. 간단하게 말해 기억은 '뇌'의 문제가 아니라 '가슴'의 문제라는 것인데, 따지고 보면 내 '장독대 학'도 가슴 또는 마음에서 시작된 거다.

오늘도 어떤 교우가 10년 된 고추장을 한 항아리 주었다. 어디선가 장이 생길 것만 같아서 엎어놨던 빈 항아리를 가져다가 고추장을 가득 채워서 장독대에 올려놓았다. 수분이 부족해지면 매실 액을 부어 보기 좋고 먹기 좋게 하기를 10년이나 한 고추장이라니! 뚜껑을 열고 새끼손가락으로 찍어 맛을 보았다. 하! 달다!

'장맛을 보면 그 집안을 알 수 있다'는 속담이 담고 있는 뜻은 뭘까. 장독대와 장은, 주부와 그 가정의 내면을 비춰주는 '화장대'와 비유된다는 뜻이 아닌가. 물론 화장대는 통칭 인간의 외모를 아름답게 가꾸는 거울이 붙은 물리적 공간을 말한다. 그러나 장독대는 그 집의 맛과 화평을 가꾸고 지켜 나가지 않았던가!

화장대에는 분이며 머릿기름과 화장품들이 가지런히 놓여 있지만, 장독대는 여러 가지 장을 담은 크고 작은 장독들이 늘어서 있다. 이 둘 다를 '화장대'라 일컫는다 해서 누가 억지소리라고 말할 텐가. 그러니 장맛은 그 집의 단순한 음식솜씨라기보다는 마음의 정성에서 우러나오는 것이라 할 수 있다. 아무리 장을 잘 담가도 그것이 발효되는 과정에서 잘못 간수하면 곧 망가지고 만다. 내가 금년 여름에 톡톡히 경험한 바, 그 집 사람들의 눈길이 잠시라도 장독대에서 멀어지면 그 맛을 제대로 내기 어렵다. 그러므로 장독대는 '마음'이다. 마음의 맛을 내는 '화장대'다. 그러나 요즘은 외모를 다듬는 화장대는 있는데 마음을 가꾸는 화장대는 없다.

기도와 손길과 마음이 고여, 배가 불룩한 장독마다 한 가정의 평화와 은밀한 이야기가 잉태되어야 할 그 화장대를, 목사인 내가, 남자인 내가 다시 복원코자 하는 것은, 이것이야말로 무너진 삶의 신성한 공간을 다시 축조하는 거룩한 일이기 때문이다. 목사란 모름지기 하나님의 나라, 거룩한 공간을 세우고 그 공간 속에 노니는 사람들, 하늘의 순리를 따라 곱게 살아갈 사람들을 짓는 일이 본연의 직업이 아닌가! 이게 내가 펼치는 '장독대 學'이다.

귀틀집 소고

어렸을 때 우리 집 돼지우리는 귀틀집이었다. 딱히 귀틀집이라고 하기엔 어설프긴 해도, 귀틀집의 형식을 따른 집짓기였다. 통나무를 그저 얼기설기 우물 정井자로 사람 키만큼 쌓아놓고, 그 위에 지붕을 해 덮고 남은 자투리 이엉을 훌렁 훌렁 올려놓은 그런 집이었는데, 돼지우리치곤 꽤나 근사했던 '건축물' 이었다.

오늘 교우들과 소양강 둘레길을 걷다가 호수 위에 지은 정자처럼 보이는, 길관수라는 이의 선산 지킴이용 오두막 한 채를 발견했다. 앞선 일행들은 호수의 마술에 걸려 지나쳐 가고 뒤따르던 우리 눈에 그 집이 들어왔다. 한 평이 될까 말까 한 귀틀집에 길게 처마를 끌어내어 마루를 깔았다. 정면으로 소양호와 멀리 춘천이 건너다보였다. 호수 위엔 그이가 타고 다녔음직한 전동보트 한 대가 파릇하니 겨울 물 위에 떠 있었다.

아마 우리네 건축물치고 가장 멋없는 집이 귀틀집일 게다. 아니 귀틀집은 멋을 내고 싶어도 낼 수가 없다. 나무의 생긴 모양대로 척척 올려 쌓고 그 사이를 진흙으로 채우면 되는 단순한 건축술 때문이다. 톱과 도끼 한 자루만 있으면 집이 되고도 남는다. 그러니 귀틀집은 애시 당초 멋있게 지을 수 없다. 그러니 귀틀집에 살려면 그 집에 사는 '사람이 멋있어야' 한다. 그렇지 않고서는 집도 사람도 초라하기 그지없다.

어떤 사람들은 고궁이나 큰 절간의 대웅전 같은 건축물들을 보면서 '한국의 건축미는 선線에 있다'고 쉽게 지껄인다. 건축의 선을 말할 때 들먹이는 게 용마루나 처마 끝의 흐름이다. 중국은 형形이고 일본은 색色이다. 중국의 건축이 '형'이라 함은 '외형'에 건축의 주안점을 둔다는 뜻이다. 그래서 크게 짓는다. 일본이 '색'이라고 하는 것은 건축의 색깔을 말하는 것인데, 일본은 건물을 예쁘게 짓는다. 그런 걸 두고 한국은 '선', 중국은 '형', 일본은 '색'이라는 것이다.

그리고 보면 한국의 건축물들은 하나같이 부드럽게 곡선을 그리며 하늘로 오르는 시늉이다. 요즘 슬래브 건물 옥상에 함석으로 지붕을 씌운 걸 봐도 그렇다. 그런데 정말 한국 사람들은 부드러움과 곡선을 사랑할까. 그래서 건축물이 곡선을 그리는 걸까. 그건 아니다. 한국의 건축물이 곡선을 그리는 진짜 이유는 '선의 아름다움'을 추구해서가 아니다. 우리네 건축물의 선은 '반작용의 역학'이 작용한 때문이다. 다시 말하면, 모든 선은 운동을 나타낸다. 운동에는 방향과 속도와 중력이 있다. $E=1/2mc^2$ 혹은 $E=mc^2$ 같은 등식이 이를 말해 준다. 우리네 건축물의 처마나 용마루가 하늘로 치켜 올라가는 것은 어떤 '무의식의 운동'이다. 건물은 대부분 밑으로 내리누르는 형국이다. 대궐 같은 건축물일수록 더욱 그렇지 않은가. 그런데 사람이 건물에 눌려 살 수만은 없었을 테고, 집을 짓되 내리누르는 수직적 중압감을 감소하자는 무의식에서, 반작용의 운동을 따라 살짝 처마와 용마루를 들어올려 엄숙한 지붕과 건물의 무게를 분산시키려 한 것이다. 그러므로 한국의 건축물이 곡선을 갖고 있다고 해서 우리가 '선의 아름다움'을 알았다기보다는 짓누르는 것에 대한 거부와 표층을 뚫고 올라가려는 화火와 수水를 얼러 중中 즉, 토土에 머물러 있게 하려는 도가적인 무의식이 작용했을 것이다.

이런 사유에서 오늘 본 '길관수 씨네 귀틀집'이야말로 억지로 곡선을 쓰지 않고도 '토'를 이루는 사상의 완성이 아닐까 싶다.

'바랑' 하나 걸머지고

상자, 장롱, 창고 등은 자본주의의 산물이다. 소유할수록 그 공간을 확대해야 하는 단위의 순열巡閱이다. 쉽게 말해 이들은 소유할수록 커지는 상자(상자-장롱-집-창고)의 기능 외에 아무것도 아니다.

자본주의는 이렇게 움직이는 상자를 만들어 소유를 수시로 교환, 운반함으로써 욕망을 증대 확장하는 것이기 때문에, 자본주의와 상자는 아주 면밀한 동조를 이루고 있다. 그러면 이 자본주의적인 '상자'의 원형은 뭘까?

'가방'과 '보자기'다. 물론 서양인들이 상자나 궤짝을 들고 다닐 수 있게 손잡이를 달아 '가방'을 만들었다면, 우리네는 3차원의 형태를 취하기도 하고 2차원이 되기도 하는 '보자기'를 만들었다. 가방은 '넣는' 구실만 감당하지만, 보자기는 '싸고', '쓰고', '두르고', '덮고', '씌우고', '가린다'. 가방이 담기는 것과 상관없이 독립된 자기 존재를 주장한다면, 보자기는 융통성과 다기능의 유무 상통의 변용 도구다. 담기는 것이 무엇이냐에 따라 그 존재의 성격이 규정되는 존재론적인 발상의 산물이다.

보자기는 소유하려는 도구가 아니다.

존재하려는, 존재하게 하는 의식의 부분이다.

출세를 할수록, 남 앞에 나서는 일이 많을수록 사실 값나가고 이름 난 근사한 가방을 떡하니(안에는 든 것도 별게 아니면서) 메거나 들고 싶은 게 졸장부의 마음이다. 나도 목사가 되는 해에 자천 타천하여 갈색 쇠가죽 가방 하나를 얻어 들고 재며 다녔다. 그러다가 철이 조금 나서 후배 목사가 그 가방을 탐하는 마음을 드러내기에 얼른 줘버렸다.

그즈음 청담동 설교를 나가게 되었는데, 각 봉투에 성경책을 담아 가지고 겨드랑이에 끼고 다니는 내가 초라하게 보인다면서 지인이 짝퉁 '발리' 가방 하나를 선물했다. 진짜를 가짜라고 했는지 아니면 가짜를 가짜라고 했는지 알 바 아니지만, 나로서는 처음 보는 상표인지라 되는대로 걸머메고 다녔다.

어느 날 청담동으로 가기 위해 버스를 탔는데 운 좋게 아는 이가 내 옆자리에 탔다. 그가 내 가방을 주욱 보더니 "청담동 드나드시더니 목사님도 명품으로 바꾸셨네요?" 이 말이 얼마나 내 혼을 잡치게 하던지, 그날로 그 시커먼 발리 가방을 내던졌다.

그런 후 명절날 사과상자를 쌌던 분홍색 나일론 보자기를 며칠 동안 들고 다녔더니, 집사님 한 분이 퀼트가방이라면서 아기기저귀 가방보다 약간 작은 천 가방을 선물했다. 한동안 즐겁게 천 가방을 들고 다녔다. 나름 촉감도 좋고 성경책을 넣었다 꺼냈다 하기도 쉬운 게 마음에 들어서 줄곧 들고 다녔다.

그런데 엊그제 어느 후배 목사들과 저녁을 나누고 헤어지는데 민 목사 편으로 검정색 쇠가죽 가방이 내게 전달되었다. 후배 목사가 내게 전해 주라고 했단다. 제법 날씬한 게, 뭔가 쫌 있어 보이는, 뭐 그런 맵시니 필시 돈푼께나 집어줬지 싶었다. 그 즉시 누구에게 주고 싶은 마음이 굴뚝같았는데 꾹꾹 눌러 참았다.

금년 마지막 월요일인 오늘, '청담동 모임'을 하고 내려오는 길에 길가에 선 트럭을 보았다. 온갖 짚공예품들을 주렁주렁 매달고 돌아다니며 파는 이동차량이었다. 없는 게 없는, 신기하기까지 한 온갖 짚공예품들이 자동차에 매달려 있었다. 그러다가 내 눈에 들어온 '걸망' 하나!

시골 사람들은 흔히 이 가방을 '바랑'이라고도 하고, '주루먹'이라고도 하고, '걸망'이라고도 했다. 요즘 젊은 애들 말로 하면 '백팩 BackPack'이다.

이를 테면 '조선 배낭'쯤 되는 것인데, 보통 닥나무의 껍질이나 질긴 여러해살이 풀 따위를 꼬고 엮어서 만든다. 질겨야 하기 때문이다. 오늘 내가 3만 원에 산 '주루먹'은 삼베껍질을 엮고 꼬아서 만든 것이다.

모양새를 볼라치면 영 뭘 담을 것 같지 않은 몰골이다. 구멍이 숭숭 나서 뭐든지 넣으면 줄줄 새나오기 십상이고, 위는 훌쳐 거는 어깨끈이 들어가기 때문에 뭣하나 신통한 물건을 담거나 감출 수 없는 형국이다. 딱히 '어떤 욕망의 표상'을 소유하겠다는 의지보다는 그저 산이나 들판을 가는 나그네의 등짝이나 섭섭지 않게 해보겠다는 심사 정도다. 거의 그 쓰임이 보자기 수준이다. 보자기 같은 가방, 이게 우리의 걸망이다.

이제 세상에 으스댈 것이 뭐 있겠나. 그저 빈 바랑 하나 걸머지고 바람의 왕래나 환영해야지!

가슴의 대문에 붙이노라

일전에 교우들과 화천에 갔다가 잠시 어느 지인의 댁에 들려서 차를 한잔씩 마시고 왔다. 주인집 거실에 대호大壺는 아니고 중간치쯤 되는 달항아리가 눈에 들어와서 "누가 만들었소?" 하니까 "5천만 원은 나간다"고 값을 대기에 찔끔해서 말문을 닫은 적이 있다. 달항아리가 지닌 미학과 역사적인 자리매김을 알지 못하는 보통 사람들은 그저 물건의 '값'으로 모든 걸 대신한다. 그 이상은 아는 바가 없다는 뜻이다. 그렇다고 목사인 내가 뭐 달항아리를 잘 아느냐 하면 그것도 아니다. 그저 한때, 흙 다루는 도공을 만나 그가 달항아리를 빚어보라고 권하고 권해서 백자의 그것을 닮은 항아리를 당분간 끼고 있다가 누구에겐가 줘버린 게 내 달항아리 공부의 전부다. 누가 '달항아리가 뭐요' 하고 물으면 대놓고 '이게 얼마짜리요' 하지는 않을 만큼이다. 그것도 수준이라면 그 수준에서 잘난 체를 좀 해보자.

나는 달항아리를 알기 위해서라면 도덕경 45장을 읽고 해석해 보기를 권한다. 물론 달항아리를 넘어 도의 실제가 뭔지도 알게 되겠지만, 거기 이런 글귀가 나온다.

大成若缺, 其用不弊 대성약결, 기용불폐

大盈若沖, 其用不窮 대영약충, 기용불궁

大直若屈, 大巧若拙, 大辯若訥 대직약굴, 대교약졸, 대변약눌

크게 이룬 것은 어딘가 부족한 거 같지만 아무리 사용해도 닳지 않는다.

가득 찬 것은 마치 비어 보이지만 아무리 사용해도 없어지지 않는다.

완전한 것은 마치 휘어진 것처럼 보이고, 진짜 정교한 것은 어눌하게 보이는 것이요, 말을 잘하는 것은 마치 어눌한 듯하게 하는 말이다.

허접한 흙 그릇이나 겨우겨우 만들다가 정교하고 반듯한 도자기를 굽고, 손재주만을 의지하는 단순 기술을 넘어서서 생각과 의식을 투영하는 형이상학에 이르는 조형예술의 결정체가 '달항아리'다. 내 생각으로는, 도덕경 45장의 의미를 넘어서서 달항아리를 설명할 수는 없을 것이다. '진짜 정교한 것은 어눌해 보인다大巧若拙'를 이해하고 달항아리를 감상할 수 있다면, 금세 정신의 아뜩한 어지럼을 느낄 수 있다. 도덕경은 역설의 사상철학이다. 이런 철학이, 생긴 건 멀쩡고, 약간 기우뚱하며, 쓸모 또한 궁리가 안 되는 볼품없는 항아리로 구워진 것이다.

이왕 말이 나온 김에 하는 말인데, 우리가 흔히 '큰 그릇은 늦게 만들어진다'는 뜻으로 '大器晚成'이라는 도덕경 41장의 글귀를 해석한다. 그런데 이 해석은 틀린 것이다. 그 다음 구절을 보라. 大音希聲, 大象無形 대음·희성, 대상무형인데, '뛰어난 음악은 소리가 없는 듯하고, 뛰어난 형상은 형태가 없는 듯하다'는 것이다. 모두 역설적인 해석이니, 앞의 대기만성大器晚成도 뒤의 문장과 같은 뜻으로 풀어야 한다. 그러면 '빼어난 그릇은 마치 덜 만들어진 그릇과 같다'는 뜻이 아닌가?

이게 달항아리가 품은 철학이고, 사람이 그 사상의 바탕으로 삼아야 할 '도'인 것이다. 해서, 오늘 나는 봄이 오는 가슴의 대문에 '大巧若拙, 大器晚成'을 '입춘방'으로 붙이노라!

A 프레임 frame, 지게

어릴 때 시골에서 자란 아이들에게 '지게'란 딱히 어른들의 연장만은 아니었다. 거의 모든 아버지는 아이의 키 높이에 맞게 지게를 걸어서 그 연하디 연약한 아들의 등짝에 올려놓았다. 물론 아이의 지게에도 지게끈이(지게에는 지게끈이 달려 있어야 지게다워진다) 달렸고, 지게 작대기도 크기만 달랐지 어른들의 그것과 진배없었다. 그러면 그걸로 쇠꼴도 베 나르고, 감자도 지고, 나뭇단이나 통나무를 져 나르곤 했다.

서양 사람들은 우리네 지게가 마치 그들의 알파벳 'A'를 닮았대서 '에이 프레임A frame'이라고 한다. 아마도 그들의 눈에는 우리의 지게가 간단히 'A' 자로만 보였던 모양이다. 그러나 어릴 적 내 경험으로 '지게'는 괴로움과 한숨이었다. 단순하게 물건을 옮기는 도구 이상의 의미가 배어 있다는 뜻이다. 한마디로 우리네 '지게'엔 정이 배고 피가 통하는 '또 하나의 생' 그것이었다.

지게에 피가 흐르고 정이 배다니 이게 무슨 말인가. 지게는 단순히 짐을 져 나르는 도구만은 아니다. 지게는 농부의 천연 악기다. 작대기로 지겟다리를 치며 그 장단에 맞춰 '초부타령'을 읊을 땐 더없는 위로

와 격려의 에너지 원천이었으니, 농주農酒 한 사발이 그만했을까!

　지게를 뉘어놓고 그 위에 피곤한 몸을 뉘일 땐 안락의자이기도 했다. 무거웠던 짐을 부리고 난 후 지게 다리를 둔덕에 올려 평평하게 앉힌 후에 거기 고된 몸을 맡기고는 깊고 파란 하늘을 바라볼 때의 그 상쾌함이라니! 기백만 원짜리 전동 마사지 의자가 이만했을까! 어디 그뿐이랴, 지게 위에서 곤하게 잠이라도 들었다면 이 농부의 얼굴은 '암체어armchair'에서 잠든 신사의 얼굴보다 더 평온했을 것이다.

　'지게 작대기'는 또 어떤가. 그저 따라다니는 장식품이 아니다. 튼튼한 두 다리를 지탱케 하는 것도, 꺾어지는 허리를 앞장서 안내하는 것도, 모두 지게 작대기의 몫이다. 그뿐인가, 일본이나 서구사람들은 칼을 들고 다녔지만 우리의 지게 작대기는 뱀이든 멧돼지든 호랑이든, 대적하여 덤벼드는 도적떼로부터 자신을 지키는 호구護具이기도 했으니, 어찌 피가 배고 정이 흐르지 않을까!

　1780년 6월, 연암 박지원이 종형 박명원의 청나라 사절단을 따라 압록강을 건너려 할 때 통역관에게 난데없이 "그대 도道를 아는가?"라고 물었다고 열하일기 『도강록』에 기록되어 있다. 그러면서 그 '도'를 설명할 때 강의 두 둑 사이를 흐르는 물의 흐름이 바로 그것이라고, 알 듯도 모를 듯도 한 답을 냈다고 하니, 지게를 사이에 두고 지게를 사용하는 인간과 인간에게 쓰임 받는 도구 사이에 흐르는 이것이 실로 우리네 인생의 '도'가 아니고 무얼까?

'에이 프레임A frame'이 주는 단맛은 이제 끝났다. 영혼은 잉여되기 시작했고, 생명은 더없이 생기가 없다. 차라리 약간의 괴로움과 한숨이 잉태된다 해도 다시 지게를, 그 순응의 지게를 어깨에 메고 살아가야 할 듯하다.

익모초 주일

나는 토요일마다 교우들과 춘천 근교의 산을 걷는다. 목사가 그 바쁜 토요일에 무슨 산놀이냐고 하실 이들이 계실지 모르지만, 나는 화요일 저녁이면 설교 원고를 교회 홈페이지에 싣는다. 그러고는 토요일 아침까지 적어도 스무 번은 읽고 또 읽어서 육화시킨다. 그런 다음에 남자 교우들을 중심으로 교회 중직들과 멀고 가까운 산길을 걷는 것이다. 그렇다고 멀리 산행을 나서는 것도 아니라서, 서너 시간 걷고 나서는 점심을 먹고 모두들 교회로 돌아와 교회의 자질구레한 일들을 한다. 그러면 일부러 교우들을 부르지 않아도 교회 안팎의 일들이 준비가 된다.

요즘은 날이 금세 밝기 때문에 아침 8시면 모인다. 새벽 4시면 포곡조(뻐꾸기)가 울어대니 바지런을 떨지 않으려고 해도 그럴 수 없다. 오늘은 화천 오음리를 넘는 배후령 고개에서 동남쪽으로 길게 뻗은 능선을 따라 마적산으로 내려올 작정이었다. 그러면 소양강 댐 밑 막국수 집들이 모여 있는 언저리가 된다. 그러나 벌써 초여름 날씨라 긴 길을 걷기에는 적합하지 않다는 판단에 '샘밭 올레길'을 걸었다. '샘밭 올레길'은 우리가 붙인 이름인데, 아랫샘밭에서 수레관 쪽으로 난 긴 둑길을 따라 걷다가 야트막한 소나무 숲속으로 들어가 걷고 싶은 대로 걸

다가 나오면 되는 아담한 숲길이다. 오늘은 모두 맨발로 걸었다. 땅바닥이 발을 톡톡 쏠 것 같았지만 푹신하기 그지없었다. 걸으면서 붉나무 새순, 소나무 순, 칡 순, 싸리나무 순, 아카시아 꽃 등을 뜯어 씹었다. 달짝지근한 봄기운이 온몸에 퍼졌다.

산을 내려와 둑길을 따라 걷다가 쑥 대궁과 함께 무성하게 자라는 익모초를 발견했다. 어린 시절, 5월 단오가 되면 아버지는 들에 나가 쑥이나 익모초를 입으로 끊어 오라고 하셨다. 그러는 동안에 쓴맛을 입에 묻히라는 뜻이 있다는 건 어른이 돼서야 알았다. 한여름, 더위를 먹어 비실비실 할 때 어머니는 익모초를 으깨어 짠, 구토가 일어날 만큼 쓴 익모초 물을 한 대접 마시게 하셨다. 그러면 거뜬하게 한여름을 나던 기억이 났다. 밭둑에 앉아 자라기 시작하는 익모초를 뜯었다.

장로님 댁에서 익모초 물 한 컵씩을 먹다가, 단오가 지난 그 다음 주일에 모든 교우들에게 익모초 한잔씩을 대접하자는 제안을 했다. 단오에는 익모초나 쑥을 먹어야 했던 전례도 있으니, 이스라엘 백성들이 햇볕 뜨거운 광야로 나가기 전에 쓴 나물과 맹맹한 떡을 먹고 담즙 분비를 위한 준비를 했던 것처럼, 우리도 교우들의 건강한 여름 나기를 위해 '익모초 주일益母草 主日'을 하자는 것이었다. 이를테면 이스라엘 백성들의 유월절과 비슷하다 하겠다. 6월 둘째 주일이 될 텐데, 그날은 익모초 짠 물 한 컵씩은 물론이려니와, 식당의 반찬도 민들레 뿌리, 익모초 잎 튀긴 것, 산 미나리 같은 쓴맛이 나는 것들로 반찬을 준비하게 할 것이다. 일절 단맛이 나는 재료를 써서는 안 된다.

익모초는 그야말로 여자들에게 좋은 풀이다. 더할 익益, 어머니 모母, 풀 초草가 아닌가? 혈압을 안정되게 하고, 부인들의 혈액순환을 돕고, 몸을 가볍게 한다는 내용이 『동의보감』에 있다. 이스라엘 백성들이 쓴 나물을 먹은 뜻, 우리 백성들이 대대로 단오 때마다 익모초와 쑥을 먹었던 뜻을 헤아릴 수 있다면, '익모초 주일'은 아주 멋진 주일이 될 것 같다. 그 많은 익모초를 어디서 구하냐고 했더니 조은구 장로가 걱정 말란다. 산처럼 뜯어다가 어린아이에서 어른 교우들에 이르기까지 '쓴맛'을 보여주시겠단다. 우리는 6월 둘째 주일을 '익모초 주일'로 지내고자 한다.

"그 밤에 그 고기를 불에 구워 무교병과 쓴 나물과 아울러 먹어라."
(출12:8)

다양성의 비약飛躍, 박 넝쿨

엊그제 운교동에 있는 '둥지'라는 마이너리티 한 밥집에서 점심을 먹다가 불쑥 '불이 채현국' 선생님께 전화를 넣었다. 12월 중순에 춘천에 오실 수 있느냐고 여쭙기 위해서였다. 마침 시인 황명걸 선생님의 시비 제막식이 있어서 양평에 계신단다. 내가 드린 청에 그러마고 하시더니 소설가 구중관 선생을 바꾸셨다. 아주 오랜만에 전화로 뵙는다. 이분들 모두 어느새 80을 넘었거나 바라보는 어른들이다.

이분들은 '인사동 사람들'이다. 언제부터 '인사동 사람'이라는 별칭이 붙었는지는 모르겠으나, 아마도 인사동이 지금과 같은 '자본주의 냄새'를 확확 풍기기 시작한 그무렵부터가 아닐까 싶다. 변해 가는 옛 인사동의 정취를 저장하기 위한 수단으로 '인사동 사람들'을 새겼으리라. 나도 그 추억의 비석 끝자락에 간당간당하게 붙어 있다.

'인사동'은 이제 낭만의 추억과 기억을 모두 삭제당했다. 어디 그게 인사동뿐일까? 토건국가인 우리나라는 부수고 짓는 일에 능하다. 간밤에 있던 게 삽시간에 사라지기도 하고, 엊그제 없던 건물이 불쑥 나타나기도 한다. '있던 게 없어지고 새로운 게 등장'하는 이런 나라에 사는 동안, 정신의 내밀한 보금자리인 '추억'과 '기억'을 잃어버렸다. 이

옷도 친구도 벗도 사라졌다. 인터넷에 번졌던 '친구 찾기'는 세대적인 기억상실증의 증후다.

나도 가을이 되면 '세대적 기억상실 증후군'에 시달린다. 내가 태어난 집은 횡성의 작은 초가집이었다. 장작을 지피지 못해 구들장은 싸늘해도, 노랗고 동그란 초가지붕은 늘 안온했다. 어느 날 초가지붕을 걷어내고 슬레이트 지붕으로 갈아 덮는 대공사가 시작되었다. 동네사람들은 썩은 지붕을 걷어 내리고 슬레이트를 석가래 위로 올리면서 '지긋지긋한 가난'을 털어내려 했다. 순식간에 '초가집'은 '초라한 집'의 표상이 되었다. 초가지붕이 걷히자 지붕 위에서 자라던 하얀 박과 박넝쿨도 사라졌다.

다른 꽃들과는 달리 박꽃은 저녁에 피어 새벽이슬 속에 시든다. 하필이면 박꽃은 왜 저녁에 필까 의문이 들지만, 가난한 밤, 가난한 사람들의 마음을 밝히려면 밤에 피어야 정상이다. 어둠을 장식해야 하기 때문이다. 박꽃은 부자가 아니라 가난한 사람들을 위해 피는 꽃이다. 흥부네 집에서도 박은 초가지붕을 타고 자랐을 거고, 밤에 꽃을 피웠을 것이다.

세상 어느 나라 사람들이 지붕에다 밭처럼 작물을 심어서 생산 공간을 만들었을까? 박을 지붕에 올리던 가난한 아버지는 완상과 실용

성의 마술사였다. 박을 타고 삶아서 공예와 실용의 그릇을 만들 때 어머니는 예술가였다. 초가에 사는 사람들은 지붕에서 금방이라도 굴러 떨어질 것 같은 박 덩이들을 쳐다보면서 흥부의 박을 생각했다. 혹시 저 중에 하나라도 '흥부의 박이 있으려니' 하며 서리 내리는 날을 손꼽아 기다렸다. 가난이 꾸는 희망이 그 초가지붕 박 넝쿨에 주렁주렁 자라고 있었다.

서리가 내리고 박 넝쿨이 마르면 온 식구가 동원되어 박을 따 내렸다. 물론 아버지가 지붕 위로 올라가고 식구들이 처마 밑으로 모여서 박을 받았다. 그리고는 슬근슬근 톱질을 해서 반으로 잘라 가마솥에 넣고 삶았다. 모든 열매는 그 속에 그 값어치를 간직한다. 그러나 박은 그 반대로 속을 다 긁어내고 빈껍데기만 남게 될 때 비로소 제 구실을 한다. 그야말로 박의 역설이다. 박은 열매 속을 다 도려내고 빈껍데기만 남았을 때 비로소 그 용처가 밝혀진다. 실實보다 허虛, 이것이 박의 미학이다.

빈 지붕에 보름달처럼 매달려 하늘을 가득 채웠던 박, 어둠 속에서 피고 햇살에 사그라지던 꽃, 연하디 연한 하얀 몸을 펄펄 끓는 물에 공궤하고 얻어낸 단단한 골격. 한 가지 용도를 주장하지 않고 두레박, 뒷박, 종지, 사발, 술잔, 탈바가지, 똥바가지가 되어 가난한 삶을 위무하던 박. 박꽃, 박 넝쿨, 박 넝쿨을 머리에 인 초가집은 지금 어디 있는가.

어느 현대식 아파트의 옥상에 갇혔는지, 이층 양옥집의 경사진 지붕을 기어오르다 굴러 떨어졌는지! 혹여, 잃어버린 친구는 다시 찾을 수 있을지 모른다. 그러나 토목에 저당 잡혀 사라진 '인사동'과 '인사동 사람들'은 어디서 다시 찾을까. 영국의 황실 사람들에게 뽑힐 만큼 화려하고 질긴 '한국 도자기'는 날로 세계에 더 많이 팔릴지 모른다. 그러나 가난에 조롱당하며 척결된 초가지붕 위의 마술사였던 박 넝쿨과, '바가지'란 명사를 지어낸 온갖 용기容器들은 언제 다시 가난한 이들의 벗이 될 텐가!

'과잉'의 재앙

오늘 조 장로님과 구봉산에 밤을 주우러 갔다가 내려오는 길가에서 자라고 있는 아주 예쁜 버섯을 보았다. 애기 영지버섯이었다. 버섯은 다 아시다시피 곰팡이가 빛, 온도, 생화학적 변화 등에 의하여 자실체fruit body로 성장하여 버섯의 모습을 갖추는 것이다. 지난주에는 삼악산을 오르다가 엉겁결에 '능이' 구경도 했다.

나는 금년 가을 산에서 여러 종류의 버섯을 보고 만지면서 문득문득 '세계'를 생각했다. 명백히 달라진 세상에 우리가 사는데, 어떻게 달라졌는지, 뭣 때문에 달라졌는지, 달라진 현재를 과거와 경계 지으려고 내심 애쓰고 있었다. 그러다가 신락선 장로님이 선물해 준 한병철의 『피로사회』를 읽고서야 눈과 머리가 밝아지는 것이었다. '과잉'이 이 세기의 숙제다.

지난 세기는 면역학적 세기였다. 이 세기에서 인간은 늘 면역학적 주체였다. 그러나 이제는 그 면역학이 경계를 넘어섰다. 그러면 우리가 사는 지금 세기는 어떤 세기인가? '과잉 증후군' 세기다. 과잉 생산, 과잉 가동, 과잉 커뮤니케이션, 과잉 상품, 과잉 언어, 과잉 탐식, 과잉 종교가 초래하는 이른바 '긍정성의 폭력의 세기'다. 이것은 '바이스러적'이지 않다. 그래서 '면역학의 세기'를 넘어섰다고 말하는 것이다.

그게 바로 '면역'에서 '과잉'으로의 세기적 전이였는데, 길가에 자라나고 있는 애기 영지버섯을 보자 문득 버섯이야말로 과잉해서는 존재할 수 없는 생명체라는 생각이 들었다. '과잉의 세기'에서 버섯은 인간에게 곡진한 깨달음의 은유를 던지는 것이다.

우리가 늘 산에 오르내리는 탓에 보탬이 되라고 몇 마디 더 붙이자면 영지, 표고, 운지는 불로초과에 속하는 버섯이다. 별로 값나가지 않는 이런 버섯을 힘써 먹어보자는 것인데, 혹시 아는가, 그러는 중에 새로운 영생의 길을 찾을지.

이상한 화혼례花婚禮

먼저 김광섭 시인의 「꽃, 나비, 시」를 읽어보자.

꽃이 피니
나비는 아름다운 활동가가 되어
꽃과 꽃 사이를 날기에 꽃은
연한 입술을 열어
두 나비의 이름까지도 부르나니 꽃은
지하의 향기를 다하여
미지未知와 친근하면서 꽃은 져도
영원은 실망치 않고
시는 자연과 함께 산다.

사실 꽃이란 모든 식물의 생식기와 진배없다. 꽃을 통해 수정을 하
고 수정을 통해 열매를 맺고 종자를 번식하기 때문이다. 그러니 꽃의

색, 향기와 달콤한 꿀은 생식을 위해 누군가를 유혹하기 위한 덫이기도 하다. 대부분은 바람을 통해 '화혼례花婚禮'가 성사되지만, 또 어떤 것들은 나비나 벌이 매파 노릇을 한다.

엊그제 토요일에 산을 내려오다가 양지 쪽에 노란 국화꽃을 보았다. 작은 몸집의 토종벌들이 윙윙대며 꽃가루를 묻히고 다니고 있었다. 어릴 때 생각도 나서 들여다보고 있는데, 곁에 다가온 조 장로님이 내 귓등에 대고 이렇게 말씀하신다.

"목사님, 요새 벌들은 꽃에 와서 꿀을 따가지 않아요." "그럼 어디서 꽃가루를 물어다가 꿀을 만든대요?" "예전에는 우리 음식이 달지 않았는데 요즘은 모두 설탕 덩어리잖아요. 그래서 벌들이 도시의 쓰레기통이나 음식찌꺼기에 더 몰려든대요. 대기 환경 때문에 벌들이 많이 사라지기도 했지만 그런 이유도 있다네요."

꽃이 아니라 음식찌꺼기에서 당분을 찾는, 그래서 벌이나 나비가 꽃을 찾지 않고 쓰레기통을 뒤지고 식당의 잔밥통을 기웃대는, 이런 세상을 '아바타 소사이어티'라고 한다. 이걸 다른 말로 '아웃소싱 자본주의'라고도 한다.

욕망을 편리하게 채우기 위해, 욕구를 손쉽게 달성하기 위해 자신이 온몸을 부대끼며, 마음 상해 가며, 위험을 무릅쓰며 실행하여 획득했던 일들을 손쉽게 돈으로 '아웃소싱' 해서 얻어내는 삶을 일컫는 사회학의 용어이기도 하다. '아웃소싱'을 우리말로 '외주'라고도 하는데, 지극히 사적인 것들, 매매 대상이 될 수 없는 것들, 돈으로 살 수 없는 것들을 돈으로 사는 것을 말하는 것이다.

이를테면, 애인을 고르고 선택하는 일을 전문가에게 맡기는 '러브 코치'나 '결혼 중개', 자신의 일을 대신 해주는 요양사, 베이비 플래너, 대리모, 파티 플래너, 임대 남편, 임대 아내, 임대 친구 같은 것들이다. 이 모든 걸 요즘 사람들은 '아웃소싱', 즉 돈 주고 사는 것이다. 사생활과 감정을 외주로 구매하여 사용하는 것이다. 감정과 정서를 사고파는 것이다. 세상은 지금 이런 문구로 흔들리고 있다.

'당신의 모든 것을 대신해 드립니다.'

3 장

삶과 죽음에 대한 반응

육체는 영혼의 충성스러운 개가 되어야
하네, 명령만 하면 달려오는.
그런데 우리는 어떻게 살고 있나?
육체는 격노하고 폭동을 일으키지만
영혼은 무기력하고 비참하게 그 뒤를
따라간다네.

– 레프 톨스토이

내게도 그런 행운이 1

"목사님, 제가 지금 책방에 와 있는데요. 혹시 『노란 화살표 방향으로 걸었다』라는 책 읽으셨나요?"

"아니, 책 나왔다는 이야기는 들었지. 서영은이라는 소설가가 산티아고 순례길을 걷고 쓴 글이라는 거."

"아, 그러면 되었습니다. 제가 한 권 사 드리겠습니다." "고마워."

이 책에서 저자는 "나는 노란 화살표를 따라 길을 걸었고, 그 화살표가 가리킨 곳에서 나를 벗어던졌다. 그 결과 지금은 완전히 다른 사람이 되었다."라고 쓰고 있다. 오늘 아침, 이 대목을 읽다가 문득 생각이 들기를 '꼭 화살표를 따라 걸어야만 되나?' 하는 것이었다. 그녀는 '화살표를 따라 걷다'가 자기를 벗어던졌다고 하는데, '나는 화살표를 따라서는 걷지 말아야지' 하는 마음이 드는 것이었다. 그녀는 화살표를 따라 걷다가 얻은 게 있다지만, 대부분의 화살표가 지시하는 곳까지 가면 거기에는 '속았지롱' 하는 조롱의 문구만 있다. 화살표는 사람들로 하여금 헛걸음을 하게 만드는 속임수와 같기도 하다. 어쨌든, 나는 화살표를 따라 걷지는 않을 것이다.

지난주에 건강관리공단에서 하는 건강검진을 받았다. 두 달에 한 번씩 서울 병원을 드나들고 있었기에 꼭 해야 하나 싶었지만, 누군가가 건강검진을 받지 않으면 뒤탈이 있을지도 모른다기에 하기로 했다. 그렇고 그런 검사를 '화살표를 따라' 했다. 그리고 덤으로 위장 조영촬영이라는 것도 했다. 흰 물약을 입에 털어 넣고 옆으로, 앞으로, 뒤로, 구르면서 찍는 그 사진 말이다. 어제는 서울서 늦게 온 탓으로 우편물을 볼 겨를이 없었다. 오늘 아침에 이것저것 구분을 하다가 '건강검진 결과 통보'라고 적힌 봉투 하나를 발견했다. 덤덤하게 봉투의 덮개를 잘라내고 내용물을 훑어보았다. 운동이 부족하다는 거, 몸무게가 키에 비해 많이 나간다는 거, 운동을 빡세게 해야겠다는 이야기들이 적혀 있었다. 그리고 장과 위장 조영촬영 결과에는 다음과 같이 기록되어 있었다.

　　1차 소견/위암 의심
　　2차 소견/위염

'위암 의심', 나는 이 대목에서 갑자기 '위암 일기'를 써야겠다는 생각이 들었다. 뭐, 위 내시경 검사를 해봐야 안다지만, 우리나라 사람 대부분은 위염에 걸려 있다지만, '위암'이라는 단어에 반응한 내 의식은 대략 세 가지 정도였다. 그중 하나가 앞에서 말한, '화살표 방향으로는 걷지 않는다'이다. 다른 한 가지 반응은, '암'이라는 단어가 주는 무게감이다. 그동안 내 인생은 바람처럼 가볍기만 했는데, '암'이 들어서자 갑자기 내 존재가 제법 무거워진 것 같은 느낌이 들었다. '이제야 비로소 사람이 조금 무거워졌구나' 뭐, 그런 거다. 그 다음으로 일어난 내 의식의 반응은 조금은 종교적이다. 종교적이라고 하는 이유는, 내게 일어난 일절의 일들을 '하늘이 준 선물'이라는 평상심으로 해석한다는 뜻이다. 그래서 생긴 마음이 '내게도 그런 행운이 오다니'이다. 지금 '암'이라는 진단을 받고 사투를 벌이는 이들이 들으면 얼마나 나른하고 비난받을 생각일까 모르는 바 아니지만, 내게 그런 의식이 돋았다는 건 사실이다.

이 일기는 어느 때까지 지속될지 모른다. 두어 번 쓰다가 싱겁게 끝날지도 모르고, 그야말로 내 인생 후반기를 가장 긴장감 있게 도닥거릴 수도 있는 일이다. 어느 경우가 되든, 나는 내게 일어난 이 일에 대해서 아주 면밀히 그리고 정직하게 대응하려고 한다. 이른바 이제부터 내가 이어갈 '위암 일기'에 대해서 여러분들은 그저 기도의 숨결을 보태시면 된다.

내게도 그런 행운이 2

내 생각은 늘 삐딱하다. 스스로는 그걸 '창조적creativity'이라고 하지만, 다른 이들은(나와 삶을 나눠 섞지 않은) 별나다고 한다. 생각만 그런 게 아니라 행동도 때론 그렇다. 딸 둘을 키우는 일에서도 그랬다. 나는 세상이 정해 놓은 '무슨무슨 날'을 아이들과 함께 상기해 본 적이 없다. 예를 들면, 어린이날 같은 것인데, 이 날은 '어린이를 위한 날'이 아니라 반대로 어른들이 어린아이처럼 굴어보는 날, '잃어버린 어린이다움을 되찾는 날'이라는 게 내 생각이었다. '어린이를 위한 날'이 아니라 '어른들을 위한 날'이어서, 그날은 어린 시절 갖고 싶었던 고무장화를 꺼내 신기도 하고, 고무물총을 사거나 선물 받아서 물장난을 치곤 했다. 이제 나이 쉰 살을 넘어 손녀를 어르게 되니, 새삼 지난 일들이 '알록달록한 치기'쯤으로 여겨진다.

스위스 몽트렉에 사는 스위스 국적의 외손녀 나루가 엄마의 휴가를 따라 아빠와 함께 들어와 있다. 4개월 전에 보았을 때와는 전혀 딴판이다. 내 자식들에게는 느끼지 못했던 어여쁨과 기쁨이 '손孫'에겐 있다. 그러다 보니 손녀 나루에게는 여느 할아버지와 똑같다. 어떻게 하면 아이와 눈 한 번 더 맞춰볼까 손녀 앞에서 재롱을 피우고, 싫다는 아이를 껴안아보며, 아이가 먹을 수 없을 음식을 내 입에서 꺼내 불쑥

들이밀다 사위 설쥐와 딸 은실에게 들키기도 한다. 이게 모두 '할아버지'의 속성 때문일 것이다. 생각건대, 그래서 '아버지'와 '할아버지'는 그 존재의 품성이 다른 거 같다.

이래저래 막냇동생네 쌍둥이 조카들까지 합세하여 중도엘 갔다. 많은 사람들이 줄서서 표를 끊고 배를 타고 섬에 당도했다. 넓은 잔디밭은 온통 어린아이와 어른들로 북새통이다. 자리를 깔고 앉아서 '어린이날' 기념을 하려는 찰나, 바지 아랫주머니에 담겨 있던 손전화기가 진동을 한다.

"목사님, 금요일 오전에 위내시경 검사합시다. 알고 지내는 유능한 의사에게 말해 놓았어요.""벌써 해요?""얼른 하고 나서 깨끗한 마음을 갖는 게 좋잖아요?""나는 지금도 괜찮은데요. 혹여 '암'이 자라고 있더라도 그에게 시간적인 여유도 좀 주구요."

그놈의 '암'은 '어린이날'에 중도까지 따라왔다. 상훈 형(한상훈 장로를 나는 그냥 '형'이라고 부른다. 나이도 두 살 터울밖에 나지 않은데다, 고향이 나와 같은 횡성이라서 '형' '동생'으로 지내기로 했지만, 그래도 여태 상훈 형은 나를 부를 때 '목사님'이라고 부른다. 그러거나 말거나 난 늘 '형'이다.)이 이미 정해 놨다는 그날(넬모레 금요일) 밥을 굶고 위를 샅샅이 뒤져보기로 했다. 대답을 하긴 했으나, 전화를 끊고 나니 생각이 깔끔하지 못하다. 그래서 다시 전화를 넣었다. 오늘은 '어린이날'이기도 하고, 이번 주는 내내 '어린이날 분위기'일 테니, 어른스런 근심은 다음 주로 미루자고 말이다.

나를 잠재우고 내 위를 샅샅이 뒤져보는 일은 다음 주 월요일로 미뤄졌다. 이는 필시 '어린이날' 덕분이다.

내게도 그런 행운이 3

1980년 8월에 나는, 신학교는 알지도 못한 채 춘천시 고탄에 있는 사북성결교회로 목회를 나갔다. '목회'라기보다는 차라리 '교회 구경'에 가까운 일이었는데, 그야말로 아무것도 모른 채 교회에 부임했다.

그러나 내가 처음으로 발을 들여놓은 교회는 내게 호된 경험을 안겨주었다. 그것은 당시 고탄 교회에 다니던 서울 신학대학 4학년생 때문에 생긴 일이었다. 그는 내게 '무자격 전도인이므로 자기에게 강단을 맡기고 떠나라'고 했다. 그는 예배 시간에 도끼를 들고 나타나기도 했고, 밤에는 내 숙소의 창호지 문을 낫으로 북북 그으며 위협을 했다. 나는 그렇게 교회 구경을 나선 지 7개월여 만에 교회를 그만두었다.

그리고 성암교회는 1982년 8월에 교육전도사로 부임했다. 춘천 오는 기차 안에서 만난 어느 청년이 소개해 준 교회였다. 그는 당시 성암교회 교육전도사였는데, 군대를 가게 되어 자리가 빈다고 했다. 나는 남춘천역에서 내려 곧바로 학곡리에 와서 담임목사님(고인이 되신 송기창 목사)을 뵙고 취직이 되었다. 무더운 여름이었다.

천신만고 끝에(나는 1982년부터 1993년까지 성암교회에서 일어난 10년 동안의 내

외적인 삶의 부침을 이렇게 표현하고 싶다.) 1993년에 목사 안수를 받았다. 임택창 목사, 김태홍 목사, 최완택 목사가 내 안수보좌 목사였다. 바로 그때, 목사 안수를 받을 즈음 나는 '남과는 다른 목사'가 되고 싶었다. 심지도 다르고, 삶도 다르고, 또 겉모습도 다르고 싶었다. 부침이 많았던 10년의 세월이 나를 이미 '남과는 다른' 존재로 만들어 놓았었다. '달라야 한다!' 그게 목사 안수를 받던 당시 내 마음에 밝혀진 등이었다.

나는 목사 안수를 받으면서 머리를 빡빡, 마치 스님처럼 깎고 싶었다. 목사가 되는 마당에는 무당이 딛고 서는 칼날처럼 뭔가 시퍼런 각오가 서린 태도가 있어야 할 것 같았다. 그러나 여러 사람들의 반대에 부딪혀 머리를 깎지 못했다. 그때 그 마음은 20년이 지난 지금도 질경이처럼 살아서 파릇하게 돋아 있다. 목사 안수를 받으면서 하고 싶었던 것들 중에 또 하나는 말을 타는 것이었다. 아마 이 생각은 내가 유달리 말을 좋아해서는 아니었을 것이다. 시뻘겋게 충혈된 욕망을 과시라도 하듯이, 목사만 되면, 교인 숫자를 따라 승합차에서 자가용으로, 작은 차에서 큰 차로 옮겨 가는 그 허세가 얼룩처럼 내 마음에 어른거렸다. 그런 그들의 얼룩진 창에다가 뚝뚝 떨어지는 말똥을 묻혀주고 싶었던 것일지도 모른다.

그렇게 목사로 산 지 20여 년, 혹시라도 모를 일에 기대를 거는 것은 무슨 연유인가! 그때 깎고자 했던 머리털을 깎게 될지도 모른다는 기다림 말이다. 누가 뭐랄 것도 없이 깎아야만 되는, 거부할 수 없는 하늘의 명령과 같은 게 아닌가. 生과 死의 결투를 벌이는 '암' 환자들에게 이 말은 참으로 '배부른 탄식'처럼 들리겠지만, 20여 년 전 품었던 내 마음에 대한 하늘의 '응답'으로 믿기는 것도 사실이다. 누가 알랴! 하늘은 그렇게 고분고분하지 않다는 것을 우리가 몸소 체험하며 여기까지 살아오지 않았는가! 그렇다면 말은 또 언제 탄단 말인가?

5월이 좀 더 길어질 모양이다

지난밤부터 금식을 한 터였다. 9시간 정도만 굶으면 된다고 했지만, 난 의사가 지시한 시간의 양보다 더 길게 물 한 모금 넘기지 않고 서울 가는 버스를 탔다. 배 속에서 쫄쫄 소리가 났다. '이게 뭘까, 배가 고픈 건가, 아님 공복감인가?' 집중하여 나를 들여다보니 이건 '배가 고픈' 게 아니라 그저 관성에 따른 '공복감'이다. 우리는 깜빡깜빡 이 두 현상에 속는다. 아니 저절로 속아준다. '배고픔'과 '공복감'은 다르다. 아니, 완전히 다르다.

밝음이가 몇 주째 밤새워 번역한 불어원고를 넘겨주려고 함께 버스를 탔다. 아이는 자리에 앉자마자 잠에 떨어졌다. 딸과 함께 가는 길이지만 여전히 나 혼자다. '그래, 삶 자체가 혼자지. 모든 인생이 홀로 가는 거였지.' 창밖을 보니 5월의 허공으로 물이 오르고 있다. 분수는 억지로 솟구치는 물이지만, 나뭇가지로 솟아 신록이 되는 5월은 우주가 뿜어 올리는 분수다. 그래서 보는 것만으로도 벅차다.

한 시간 일찍 터미널에 당도했으므로, 모처럼 한가하게 여기저기 아래층 위층을 두리번거리며 구경했다. 동서울 버스터미널을 이용하고 처음으로 건물을 샅샅이 살펴보았다. 별의별 게 다 모여 있다. 거기에

별의별 사람들이 바삐 오간다. 지하철역으로 건너가는 건널목 옆에 작은 밥집 하나가 눈에 띈다. '볕드는 국밥집'이다. '다음 주엔 저 집에서 국밥을 한 그릇 먹어야지' 하는데 큰길가에서 상훈 형이 기다린단다.

강남구 논현동 어느 빌딩 속으로 상훈 형을 따라 들어갔다. 건물은 마치 나를 통째로 집어삼키는 것 같았다. "예약하신 분이시죠? 이리로 오셔서…" 이름을 적고, 윗옷을 갈아입고, 혈압과 심전도를 잰 다음, 해맑은 의사선생님 앞으로 안내되었다. 이것저것, 아주 간단한 물음에 답을 했다. 넓지 않은, 약간은 좁은 듯 느껴지는 간이침대 위로 올라가 왼쪽 모서리로 돌아누웠다. 그렇게 하라고 간호사가 유치원아이에게 하듯이 말했다. 혈관을 찾아 작은 링거 하나를 꼽고, 입에다가는 무슨 플라스틱 재갈 같은 걸 단단히 물리고, 입속으로 에프 킬러 같은 걸 뿌리면서 그녀가 말했다. "목구멍을 마취하는 거예요." 뭐 나쁘지 않았다. 많은 신체 중에 달랑 목구멍만 감각을 잃게 한다니 신기하게 여겨졌다. "잠시 주무시게 할 겁니다." 하는 소리와 함께 나는 아련하게 어딘가로 던져졌다.

그렇게 내 의식이 어디론가 숨어버리려는 그 순간이 어찌나 편안하고 쾌활하던지 나는 그만 의사에게 이렇게 지껄이고 말았다. "바로 이겁니다. 모든 사람들이 마지막 숨까지 질질 끌려가다가 죽게 해서는 안 됩니다. 여러 가지 죽음의 방식을 개발하고, 그것에 대한 윤리적이고 신학적인(종교적인) 답을 사회가 정한 다음에, '가족계획'을 홍보하듯이 국가가 국민들에게 알려서 죽음을 자기가 선택하게 해주어야 합니다. 나는 이 방식이 아주 좋습니다." 그런데 그 생각은 말이 되어 입 밖으로 나오지 못했다. 소량의 약물이 거룩한 내 의지와 식견을 묵살했기 때문이다. 나는 그렇게 '약하다'. 약물 몇 방울을 이기지 못할 만큼.

다른 침대로 비틀거리며 옮겨 가서 10여 분 숨을 고른 다음에 다시 의사선생님이 있는 자리로 돌아왔다. 결국 우리가 이렇게 돌고 돌아서 '그' 앞에 서야 되는구나 싶었다. 윤기가 반짝반짝 나는 내 위장 사진이 컴퓨터 화면에 떠 있었다. 처음 보는 나다. 50년을 '나'로 살면서 내가 모르는 '나'가 이렇게 많다니. 그리고 신기했다. 저 주머니 안에 50년 동안 얼마나 많은 양의 잡동사니가 담겼을까, 그러고도 저렇게 이쁘다니 고마운 생각이 들었다. 내가 나에게 감동하긴 또 생전 처음이다.

"별로 큰 문제는 아닙니다. 암은 아니고요. 무슨 연유에선지 위벽이 부어올랐습니다. 약간의 염증도 있습니다만, 이건 대한민국 사람의 9할이 그렇습니다. 조직을 조금 떼었으니 일주일 후에 전화로 연락을 주시면 알려드리겠습니다." 옆에 앉아 있는 상훈 형을 보고 나서 내가 의사에게 말했다. "혹시 이 양반이 뭐라고 해서라든지, 제게 말하지 않아야 될 게 있어서 일부러 그러시는 건 아니지요? 의사선생님께 죄송한 말씀이지만, TV 보면 그런 장면이 있잖습니까?" 그렇게 말하면서 '오늘은 내가 왜 이렇게 코미디 같은 말만 하지?' 하는 생각이 들었다. "어떻게 의사가 환자 앞에서 그럴 수 있겠어요. 요즘 그런 의사도 없고, 환자도 옛날하고 다릅니다. 정확하게 이 부분을 말하자면, '선종'이라고 합니다. 외국에서는 그대로 두기도 하고요. 우리나라에선 의사들 손끝이 예민해서 대부분 걷어냅니다. 암이 될 가능성도 있고 해서죠. 그러나 목사님은 서두르실 거 없습니다. 한가한 시간에 오셔서 오늘처럼 하시면 됩니다."

돌아오는 길에 책 한쪽을 폈더니 거기 이렇게 적혀 있었다.

"우리가 허위라고 믿고 있는 것이 변해서 살아가는 데 필요한 진리가 된다."(올리버 하센캄프)

하늘나라는 이제 내 것이다!

우리는 지금 104년이나 이 땅에 사시다가 하늘나라로 되돌아가신 이순덕 장로님의 관 앞에 앉아 있다. 사람이 살아 있을 때는 들숨과 날숨이라는 것을, 그저 코와 입을 통해 폐까지를 운행하는 단순한 생존운동으로만 생각한다. 그러나 이렇게 생명이 정지되고 나면 그 하찮은 것들의 무게가 실로 하늘의 무게만큼 크다는 것을 경외로 실감하곤 한다. 우리가 죽음 앞에서 엄숙하고 무거움을 느끼는 것은 바로 그런 이유에서이다.

우리의 삶이란 실로 경외에 이르게 될 죽음으로 나아가는 과정이다. 어떤 심리학자는 '죽음은 기르는 것'이라고 했다. 산다는 것은 죽음을 기르는 일이라는 거다. 그러니 훌륭한 인생은 억지로 죽음을 맞는 게 아니라 잘 기른 죽음을 얻는 것이다. 죽음의 완성이 삶의 끝인 것이다. 삶의 끝에 죽음이 있는 게 아니라, 생을 통해 잘 키운 죽음이 삶을 짊어지고 떠나는 것이다.

우리는 삶으로 죽음을 키운 한 사람을 알고 있다. 바로 예수 그리스도이다. 우리의 구주 예수는 '삶으로 죽음을 키운' 존재였다. 예수님은 '죽음을 키우기 위해' 살았고, 마침내 누구도 막을 수 없을 만큼 죽음이 자랐을 때, 그 성숙해진 죽음으로 하여금 삶을 짊어지고 가게 했다. 그게 골고다의 십자가 사건이다. 예수님은 죽음에 떠밀려 삶이 끝난 게 아니라, 삶으로 죽음을 키웠기 때문에 죽음이 그의 삶을 등에 태운 것이다.

죽음에 져서 삶이 끝난 사람들은 영생하지 못한다. 그러나 삶으로 죽음을 키워 그 죽음으로 하여금 삶을 짊어지게 한 사람들은 죽지 않는다. 장차 하늘에서 '하나님의 보좌 옆에 앉는다'는 말씀이 그것이다. 그것은 하늘을 차지하는 것이다.

이순덕 장로님은 우리 성암공동체의 모퉁잇돌이셨다. 104년의 그릇에 담긴 삶을 더하고 빼서 중립적 가치를 생각해 보아도 장로님은 넘치는 욕망이나 부족한 이타심이 균형 잡힌 인생을 사신 분이다. 장로님의 생애는 '가치중립적' 열매들로 가득하다. 어느 교우는 조선에 이런 여인은 없다고 고백했다. 우리는 장로님의 생애 앞에 '거룩'이라는 수식을 붙이는 일에 망설일 수 없다. 장로님이야말로 삶을 통해 죽음을 키운 분이시기 때문이다. 얼마나 죽음을 잘 키우셨던지, 104세가 되기까지 장로님은 단아하기만 했다. 조석으로 죽음이 넘볼 만도 한데, 장로님의 삶에 지배당한 죽음은 항상 장로님에게 의존해 있었다.

이제 마침내 죽음을 모두 키운 장로님은 그 모든 사람들이 두려워하는 죽음의 등에 자신의 삶을 걸머지게 하시고 영원의 하늘로 가셨다. 하늘을 차지할 시간과 자격을 갖추신 것이다. 예수의 신실한 종으로서의 삶을 사셨다는 증거다. 예수께서 십자가에 달려 죽으시면서 하셨다는 외마디를 우리는 안다. "내가 다 이루었다."

우리는 지금, 예수님처럼 죽음의 등에 삶을 지고 떠나신 이 장로님의 외침을 듣는다. "The sky belongs to me! 하늘나라는 이제 내 것이다!"

덜고 보태는 상견례

깊은 밤 빨간 신호등이 켜진 횡단보도를 건너던 김 목사의 부친이 택시에 치어 돌아가셨다. 새벽 4시에 사고 소식을 듣는 순간, '외로움'이라는 단어가 내 의식의 영사막에 어른거린다. 뇌와 갈비뼈와 목을 크게 다쳐 의사가 손써볼 겨를이 없었다는데, 왜 그 순간 나는 외로움을 떠올린 것일까?

점심나절이 되어서야 장로 다섯 분과 서울로 향했다. 뻔질나게 드나들던 길이지만 목적이 달라지니 길도 달라 보인다. 검은 상복을 입은 유족들이 낯설다. 그럼에도 장례식장의 국화는 늘 탐스럽다. 고인의 영정도 그 꽃 속에서 어색하다. 그게 친숙한 사람이 어디 있을까마는.

어설프게 둘러앉아 찬송 하나를 겨우겨우 부르고 나서 성서의 말씀은 아예 들추지도 않고 불쑥, 옆자리에 앉은 안 장로님에게 물었다. "장로님, 외롭지 않으세요?" 내가 생각해도 뚱딴지 같은 물음이다. 그런데 이내 답이 돌아왔다. "예, 점점 외로워요." 그렇게 대답한 그는 지금 칠순이다.

죽음이란 그 당사자와 그를 둘러싸고 있는 주변부가 얽힌 '문화·

생물학적인 사건'이다. 즉, 죽음은 죽은 당사자에게는 외로움을 덜어내는 최종적인 행위이며, 그 주변부인 가족이나 친지들에게는 그리움의 출발이다.

사는 동안 우리는 얼마나 외로워하는가! 그 외로움에서 벗어나려고 또 얼마나 애를 쓰는가! 하지만 그런다고 생존의 외로움이 덜어지지는 않는다. 그런 측면에서 보면, 죽음이란 외로움의 수용소에서 비로소 '제로 지대'로 탈출을 했으니 참으로 홀가분한 일이다. 그러나 죽음의 주변부는 다르다. 그것은 그리움의 플러스 지대를 확장하는 순간이기 때문이다.

다시 말하면, 죽음은 외로움의 마이너스 지대로 넘어간 존재와, 그리움의 플러스 지대를 확장한 이들 간의 친숙하지 않은 상견례다. 그러므로 우리는 언제나 싱싱한 국화로 치장한 상견례장에서 우리의 슬픔이 어디서 출발하는지 알게 된다.

삶은 혼자가 아니다

'망원경 효과'라는 게 있다. 열 살 인생에겐 1년이 10분의 1로 자각이 되지만, 쉰 살 인생에겐 50분의 1로 느껴지는 것을 두고 하는 말이다. 그래서 나이가 들수록 시간이 빨리 흐르는 것처럼 느껴진다. 시간의 속도가 빨리 혹은 느리게 느껴지는 것은, 기억을 통해 시간을 인지하기 때문이다. 어릴 적 우리는 얼마나 조바심을 했던가? 빨리 어른이 되고 싶어서, 발에 맞지도 않는 아버지의 구두를 신어보기도 하고, 엄마의 동동구르무를 얼굴에 찍어 발라보기도 하고, 밤이 되면 얼른 열아홉이 되었으면, 스무 살이 되었으면 하며 애꿎은 삶을 쓰다듬지 않았던가! 어릴 때는 그렇게 나이가 더디 먹었다. 시간은 되기만 했다.

그런데 언제부턴가, 그렇게 되기만 하던 시간이 헤퍼지기 시작했다. 나이 마흔, 아니 마흔다섯부터였나? 자고 일어나면 한 살이 더해지던 때가 말이다. 어느 날 청춘이 생생하게 회상되던 그 순간, 나는 이미 나이 든 존재가 되어 있었다. 늙을수록 옛날 생각이 자주 나는 것은 인생의 주요한 사건들이 그 시기에 집중된 탓이다. 그 기억들이 강렬해서 오랜 시간이 지나도 잊히지 않고 거듭 기억되는 것이다. 물론 세월이 빠른 까닭이 이뿐만은 아니다. 나이가 들수록 생체시계가 느려져서 상대적으로 시간이 빨리 가는 것처럼 느껴지니 말이다.

성암교회가 시작된 지 53주년이 되는 날 아침, 성암교회에서의 목회 30여 년 동안 쌓인 목회노트, 설교노트, 주보 등을 예배당 마당에 전시했다. 각각 50~80여 권씩이다. 특히 목회노트에는 그동안 내가 살아온 나날들이 새까맣게 적혀 있다. 아픈 이야기도 있고, 슬픈 이야기며, 기쁜 이야기도 있다. 설교노트와 원고뭉치들은 또 얼마나 어마어마한지! 켜켜이 쌓인 주보묶음에서는 오고간 영혼들의 숨소리도 들린다. 그런 것들을 바탕으로 해서 오늘의 성암교회가 있고, 허태수 목사가 있다. 그게 어디 우리나 나뿐일까! 세상의 모든 존재들은 이런 이력들을 따라 '오늘'이 있다. 그렇기 때문에 사람이나 어떤 실체를 댓바람에 알 수는 없는 노릇이다. 인간관계에서 이러니저러니 사람을 평가하는 일이 없을 수는 없으나, 그건 참으로 가당치 않은 일이다.

그동안 책도 26권을 펴냈다. 처음에는 어거지로 시작했는데, 차츰 꼴도 잡혀서 이젠 어떤 책꽂이에 걸려도 어색하지 않을 정도가 되었다. 한 사람의 생각, 삶, 행동, 사건들이 낱낱이 분산된 자료들이다. 거기에 여러분도 함께 있다. 삶은 혼자가 아니다.

인생은 '끈'이다

사람은 끈을 따라 태어나고, 끈을 따라 맺어지고, 끈이 다하면 끊어진다. 인생에서 필요한 끈이야 무수히 많겠지만, 다 가지고 살 수는 없을 것이다. 대략 다섯 가지 정도라면 다음쯤 되지 않을까 싶다.

매'끈'한 사람은 어떨까?

매끈해지려면 까칠하지 않아야 한다. 왜 이런 말이 있잖은가? '보기 좋은 떡이 먹기도 좋다.' '모난 돌이 정 맞는다.' 그러니 옷도 좀 세련되게 입고, 얼굴은 밝게 웃고, 자신감 넘치는 태도로 매너 있게 행동해야 한다. 그러면 외모는 미끈하고 성품은 매끈한 사람이 되지 않을까?

발'끈'하는 사람이다.

'발끈하라'는 말이 낯설겠지만 잘 들어보시라. 아무데서나 성질을 부리라는 이야기가 아니라, '오기 있는 사람'이 되라는 것이다. 인생에서 실패란 넘어지는 것이 아니다. 진짜 실패는 넘어진 자리에 그대로 있는 것이다. 그러니 어려운 일을 만났을 때는 주저앉지 말고 오기 있게 벌떡 일어나야 한다는 말이다. 본시 동트기 전이 가장 어두운 법이니,

어려운 순간일수록 오히려 발끈하라!

화'끈'은 어떨지.

뭘 하든지 야무지게, 오달지게 집중하라는 것이다. 미적지근하게 살지 말라는 말이다. 누군가 해야 할 일이라면 내가 하고, 언젠가 해야 할 일이라면 지금 하고, 어차피 할 일이라면 화끈하게 하는 거다. 사랑도, 신앙도, 일도 화끈하게 하자는 거다. 눈치 보지 말고 소신껏 행동하는 사람, 내숭떨지 말고 화끈한 사람이 되라는 거다.

질'끈'도 빼놓아서는 말이 안 되겠다.

우리가 흔히 '눈 한 번 질끈 감아주지' 할 때의 그 '질끈'이다. 그런데 이 질끈을 부정적으로 쓰면 안 된다. 긍정적으로 용서할 줄 아는 사람이 되라는 거다. 감당하기 어려운 일일지라도 눈 한 번 질끈 감는, 그런 관용과 용서를 말하는 거다. 실수나 결점이 없는 사람은 없다. 다른 사람을 쓸데없이 비난하지 말고 질끈 눈을 감아라. 한번 내뱉은 말은 다시 주워 담을 수 없으니 입이 간지러워도 참고, 보고도 못 본 척 할 수 있는 사람이 되라. 다른 사람이 나를 비난해도 질끈 눈을 감아라!

맨 마지막은 어떤 끈이면 될까?

뭐니뭐니해도 사람이란 모름지기 따'끈'해야 한다.

따뜻한 사람이 되는 거다. 계산적인 차가운 사람이 아니라 인간미가 느껴지는 사람 말이다. 털털한 사람, 인정 많은 사람, 메마르지 않은 사람, 다른 사람에게 베풀 줄 아는 따끈한 사람이 되면 얼마나 좋을까? 이 정도 끈만 있으면 나도 행복하고 너도 기쁘지 않을까?

말년의 양식에 관하여

『말년의 양식에 관하여』는 에드 워드 사이드의 책 제목이다. 평범한 사람들의 노년, 늙은 세대의 심리나 삶의 양태를 기술한 책이 아니다. 예술가들의 치열한 자기 갱신을 촉구하는 내용인데, 사이드는 이를 통해 '보통 사람들의 노년'이 어때야 할 것을 암시하고 있다.

사이드의 논지를 내 식대로 정리하자면, 무참하게 시간에 순응하며 노인요양원으로 가지 말라는 것이다. 사이드에게 노년은 '포기하지 않고 현실에 저항하는 것, 의식은 깨어 있고 기억으로 넘치는 것, 현재를 예민하게 인식하고 그것에 용인되지 않는 것'이다. 이는 마티의 『저항의 인문학』과도 내통한다.

아니 뭐, 이런 어려운 이야기를 하려던 건 아니다. 나는 단지 어제 새벽기도 시간에 안 장로님이 그의 시집보낸 큰딸 에스더 곁에 앉아 있는 장면이 은근히 부러워서다. 짧은 성서이야기를 하면서 나는 '나이 들어 부러운 것'이라는 문장을 머릿속에 지어 외우고 있었다.

내 노년의 양식은 뭘까?

정리해서 뭐라 할 건 없지만, 기실 사이드의 생각과 다르지 않다. 아마 생의 최후도 그를 따르지 않을까 기대된다. 나는 매일 새벽 다섯 종류의 신문을 만난다. 진보, 보수, 중도, 종교, 지방신문이다. 진보 신문에선 사회면과 정치면만 보고, 보수 신문은 논설과 단편들을, 중도라고 여겨지는 신문에선 책을 소개하는 면을 본다. 그리고 종교 신문은 그야말로 '허접한 종교'의 뉴스를 접하고, 지방 신문은 우리 동네 소식을 만난다. 이게 내가 노년의 양식으로 삼는 도구들이다. 다섯 개의 신문기사를 읽는 동안 과거, 현재, 미래를 드나든다. 내 표현으론 이게 '4D 시뮬레이션 라이프'다. 이 가상은 언제나 현실과 조우하고, 현실을 벗어난 가상은 늘 미래를 향해 변신하며, 과거라는 실상은 언제나 가상을 담보하고 있다는 것을 체험한다. 그래서 '지금'은 '어제'고, '어제'는 '내일'이다.

안 장로님이 시집간 딸의 옆에 앉아 새벽기도를 올리는 게 부러운 까닭은, 현재를 용인치 않으려는 저항이 엿보이기 때문이다. 안 장로님은 아침마다 다섯 개의 신문을 요모조모 골라 읽지는 않지만, 그의 '노년의 양식'은 그걸로 충분하다.

노년의 양식은 '노인요양원'에 있지 않다.

쿨라

뉴기니, 비스마르크 군도, 솔로몬 제도, 산타크루즈 제도, 피지는 태평양 제도에 있다. 여기를 통칭하여 '멜라네시아'라고 하고, 이곳은 원주민들이 사는 곳이다. 한마디로 과학 문명보다는 원시적으로 사는 사람들로, 이들에게는 '쿨라'라는 풍습이 있다.

일종의 '선물 게임'과 같은 것으로, 여건만 되면 사람들을 자기 집으로 초청해서 음식을 먹이고 선물을 나누어주는 것이다. 그러면 선물을 받은 사람은 선물을 준 사람에게 답례를 하는 게 아니라, 전혀 다른 뜻밖의 사람에게 다시 그가 받은 대접과 선물 증여를 한다. ㄱ에게 선물을 받으면 답례를 ㄱ에게 하는 게 아니라 ㄴ에게 한다. 그러면 ㄴ은 다시 ㄷ에게 선물을 하는 식인데, 지난가을 유행했던 '아이스 버킷'과 같다고 보면 되겠다. 그러다 보면 몇 사람을 거쳐 결국은 처음의 ㄱ이 선물을 받게 된다.

이렇게 음식을 나누고 선물을 증여함으로 평화롭고 기쁘게 부의 재분배가 이루어지는 것이다. 멜라네시아에서는 '누가 더 많이 가졌느냐', '누가 더 잘사느냐'가 아니라 '누가 더 잘 나누느냐'가 사회의 운영체제이자 지도층의 덕목이 된다. 그러니까 여기서는 가진 자가 힘 있는 자가 아니라, 증여하는 자가 힘 있는 사람이 되는 것이다. 이것을 그들은 '쿨라'라고 한단다.

사회가 이런 운영체제가 되면 사람들은 모두 가지려고 안달을 하는 게 아니라 '주려고' 안달을 하게 될 게다. 뭔가 있으면 나누려고 안달을 하는 사회, 많이 나누는 사람이 최고의 명예를 누리는 이런 멜라네시아야말로 꿈같은 사회이며, 꿈속에 사는 사람들이다.

우리는 모두 천국엘 가고자 하는 사람들이다. 그러면 그 천국이란 곳의 운영체제는 어떨까 생각해 보신 적이 있는가? 지금 우리가 사는 세상처럼 많이 가지려고 안달을 하고, 많이 가진 자가 명예스러운 곳이 천국일까? 아닐 게다. 천국이 이 세상과 같은 운영체제가 적용되는 곳이라면 뭐 하러 가겠는가?

'알고리즘'이라는 말이 있다. 뻔하게 정해진 어떤 규칙을 일컫는 말이다. 사람들은 대부분 이 뻔한 규칙을 따라 그저 꼭두각시처럼 살아가고 있다. '더 많이 가지려고 하는 윤리' 또한 사회관성적인 알고리즘이다. 예수는 바로 이런 알고리즘, 뻔한 사회적 관성을 깨고 새로운 질서를 세우신 분이다. 지난날 우리는 '더 많이 가져서' 혹은 '나를 돌보아 주셔서' 같은, 자기중심적인 윤리에 근거하여 조건적으로 '감사'했다. 이는 지극히 세속적인 운영체제에 근거한 윤리다. 그러나 예수님이 우리에게 가르치시는 바, '범사에 감사하라'는 말은 형편에 이익을 전제로 하는 말씀이 아니다. 사회운영윤리의 변곡을 이르는 말이다. 자족하는 사회윤리로 바꾸라는 것이고, 더 나아가 너의 것을 남에게 선물로 나누어주는 기쁨의 윤리를 운영체제로 삼으라는 말씀이다. 그렇게 살면 '나는 너에게 선물이 되는 것이고, 너도 나에게 선물이 되는' 세상이 되는 거다. 이게 장차 하늘에 구현될 하나님의 나라이다. 그리고 우리가 이 땅에 살면서 실현해 보아야 하는 사회운영윤리다. '범사에 감사'는 이 시대에 와서 이런 요구를 우리에게 하고 있다.

이제 우리는 새로운 세상에 직면해 있다. 그동안 사회를 운영해 오던 여러 규칙적인 체제가 술렁거리고 있다. 우리 앞에 도래한 이 변혁의 시대야말로 멜라네시아 사람들의 '쿨라'와 같은 사회윤리가 필요하다. 선물을 증여하고 음식을 나누는 것과 같은 부의 재분배의 윤리 말이다.

덴마크는 유엔 행복지수 1위 국가다. 해가 온전히 뜨는 날이 1년에 50일밖에 되지 않는 이 나라가 어떻게 행복한 나라가 되었을까? 그것은 "부자가 적고, 가난한 사람은 더 적을 때 사회는 풍요로워진다!"고 외치며 국민을 일깨웠던 '그룬트비 정신' 때문이다. 부자가 적으려면, 가난한 사람이 더 적으려면 어떻게 해야 할까? 쿨라의 윤리로 살면 된다. 이것이 오늘날 우리가 실현하며 살아야 하는 '범사에 감사하라'는 말씀이다.

차원이 다른 이런 '감사'의 삶을, 새로운 사회운영윤리로 하여금 특정한 몇 사람만 행복한 게 아니라 모두가 행복한 삶을 살게 하라는 게 '범사에 감사하라'는 말씀이다. 그렇기 때문에 이 언명이 인간세계에서 '하나님의 뜻'으로 규정될 수 있는 것이다.

'하루살이'가 '하늘살이'다

사람은 어제를 사는 것도 아니고, 오늘을 사는 것도 아니고, 내일을 사는 것도 아니다.

사람은 '하루'를 산다.

아침을 살고, 대낮을 살고, 저녁을 살고, 한밤을 산다.

어제를 그리며 사는 것도 아니고, 내일을 위해서 사는 것도 아니고, 오늘에 쫓기며 사는 것도 아니다.

'하루'를 사는 것뿐이다.

'하루' 속에는 아침과 저녁이 있을 뿐, 어제와 내일은 없다.

'하루' 속에는 지혜와 사랑이 있을 뿐, 삶은 없다.

'하루' 속에는 어짊과 옳음이 있을 뿐, 있음과 없음은 없다.

세상에 새 물이 있을 리 없지만, 아무리 더러운 물이라도 땅속을 오랫동안 거쳐 나오면 어느새 새 물이 되는 법이다.

일체 의식적인 것이 끊어져버리고 오랫동안 무의식의 세계를 헤매고 가다가 초의식의 세계로 터져나올 때, 어제니 오늘이니 내일이니 하는 것들은 다 떨어져 나가고 오직 하나의 '하·루·살·이'가 시작되는 것이다.

마치 단잠을 자고 깨는 젊은이처럼, 사람에게는 깊은 생각에 잠겨

자기가 있는지 없는지도 잊고 자기가 사는지 죽는지도 모를 정도로 살아갈 때가 있는 법이다. 얼핏 보면 바보 같기도 하고 어떻게 보면 위대한 것 같기도 하지만, 그런 것과는 아무 상관이 없다. 오직 하나의 삶을 찾아서 가고 또 가다가, 나중에는 가는 데 지쳐서 가는 줄도 모르고 가고 있을 때, 돌연 바위가 터지고 인연이 끊어지고 꽃과 잎이 떨어지고 몸과 마음이 떨어져 나간 후 하나의 참 삶이 터져나온다.

낡은 세상을 깨쳐버리고 새로 나온 새 사람, 그것이 '하루살이'다.
하루를 사는 것뿐이다.
하루 속에는 삶도 없고, 죽음도 없고, 몸도 없고, 마음도 없다.
다만 일체의 상대가 끊어져버리고, 하나의 절대가 빛날 뿐이다.
인생은 본래 '하루살이'다.

'하루살이'가 '하늘살이'요,
'하늘살이'가 '하루살이'다.

'없음'과 '버림'의 상관관계

'버림'은 어렵다. 마음을 비우는 것도 그렇고, 책장이나 옷장 등을 정리하는 것도 그렇다. 하지만 제대로 버릴 줄 알아야 다시 시작할 수 있고, 더 가치 있는 것으로 채워 넣을 수 있는 법이다.

곤도 마리에는 일본 최고의 정리 컨설턴트이다. 『인생이 빛나는 정리의 마법』이라는 그녀의 책에는 다음과 같은 충고가 나온다.

물건을 버릴지 아니면 남겨 놓을지를 구분할 때, '물건을 갖고 있어서 행복한가', '갖고 있어서 마음이 설레는가'를 기준으로 삼아라.

마음이 설레지 않는 책들을 쌓아둔다고 행복해지지 않으며, 마음이 설레지 않는 옷을 입는다고 역시 행복해지지 않는다고 그녀는 말한다. 그러나 그게 어디 그녀만의 말이겠는가? 우리 중에 누군들 그런 경험 한두 번 없는 사람이 있을까. 설레지도 않는데 끌어안고 있다가 결국은 '버리던' 그 경험 말이다.

그녀는 거듭 말한다. "마음이 설레는 물건만 남기고, 나머지는 과감히 버리자." 나는 그녀의 정리 비법은 '물건'에만 해당되는 게 아니라는 생각이 들었다. 인간관계, 즉 사람에게도 때때로 적용하면 어떨까 하는 마음이 들었다. '버림'과 '비움'을 통해 더 가치 있는 현재를 구성하라는 그녀의 권면을 받아들여, 집 짓고 도배한 지 12년이나 되는 목사관 사택의 아래층 벽지를 새로 발랐다.

벽지를 바르는 김에 돌아가신 아버지가 아파트 경비를 하면서 주워다주신 장식장 여러 개도 버렸다. 도배가 끝날 즈음에 어떤 교우가 '목사님 사시는 집이 궁금하다'는 말을 했대서, 그러면 이참에 목사의 집 여기저기를 구경하도록 열어둘 테니 주일예배 마치고 들어와 보시라고들 했다. 아울러 사택에 있는 목사의 물건들 중에 마음에 드는 걸 점찍어 두면 차차 드리겠다는 말도 했다. 언젠가는 해야 하는 '정리'일 테니까.

한 주가 지나자 목사의 사택을 구경한 교우들의 입에서 이런 이야기가 돌아다닌다고 했다. "목사님 댁엔 쥐뿔도 없어요. 집이 휑해요."

그러면 '없는 것' 하고 곤도 마리에가 말하는 '버림' 하곤 어떤 상관관계가 있는 걸까?

결혼은 밥을 짓는 일과 같다

결혼은 밥을 짓는 일과 같다. 밥을 지으려면 불을 때서 물을 데우고 쌀알을 익혀야 한다. 이때 물과 불은 상극인 동시에 상생이다. 불은 물로 끄고, 물은 불로 끓인다. 마치 남자와 여자의 대립적인 관계와 같다. 이 대립적인 관계의 남녀가 결혼을 하게 되면 밥을 짓는 불과 물처럼 상생의 관계로 역전한다.

이제 밥이 솥 안에서 끓는다. 김이 솟구쳐 오른다. 이 솟구쳐 오르는 힘을 솥뚜껑이 제어한다. 이때의 김과 솥뚜껑도 대립관계처럼 보이지만, 김과 솥뚜껑이 꼭 대립하고 있는 것만은 아니다. 만약 김이 솟구칠 때 솥뚜껑이 그걸 억누르지 않고 그저 헤벌려 뚜껑을 벗어던지면 어떻게 될까? 쌀알이 제대로 익지 않아 밥이 되지 않는데, 그걸 설었다고 한다. 김과 솥뚜껑의 역학관계가 제대로 될 때 비로소 밥이 되는 법이다.

밥을 지을 줄 모르는 사람들은 김이 솟구칠 때 자주 솥뚜껑을 연다. 그러면 영락없이 선 밥이 된다. 자주 열어도 안 되고 무턱대고 솥뚜껑을 눌러 놓아도 안 된다.

밥은 끓어오르는 김이 있어야 하고, 그 김을 누르는 솥뚜껑이 있어야 한다. 이 둘은 대립관계처럼 보이지만 실상은 상호보완적이며 의존적인 관계이다. 상극의 관계처럼 보이지만 상생의 사이다.

결혼도 이와 다르지 않다. 다른 문화사회적인 배경에서 자라 성격도 취미도 똑같지 않은 다른 성의 두 젊은이가, 생각과 습관은 다르지만 이 둘을 조화시켜 생명이 되는 밥을 지어가는 행위임으로, 결혼은 밥 짓는 일과 다르지 않다. 그러나 불과 물, 김과 솥뚜껑의 상호조화만으로 밥이 다 되지는 않는다. 쌀알이 익었다고 해도 '뜸'이 들어야 한다. 이것은 불과 물이, 김과 솥뚜껑이 서로에게 자신을 조금씩 내어줌으로써 상극을 관용으로 변환시키는 시간의 여백이다. 서로가 서로에게 져주는 것이다. 이게 바로 뜸이다. 이래야 제대로 된 밥이 지어지고, 이런 밥이라야 양식이 된다.

결혼은 다른 양태의 두 사람이 상극적인 관계로 만나 상생을 도모하는 일이다. 그러므로 불이 물을 인정하듯이 나와 다른 상대방을 인정해야 한다. 김이 솥뚜껑을 받아들이듯이 서로를 받아들여야 한다. 그런 다음 밥에 뜸을 들이는 것처럼, 김치를 발효시켜 삭히는 것처럼, 서로가 서로를 용납하는 공동의 시간 속에 머물러야 한다.

결혼을 한다고 두 사람이 똑같아지지는 않는다. 그것 때문에 대립하지 말고 상대방을 인정하고 받아들이자. 그리고 시간을 가지고 기다리자. 그렇게 삶이 익고 뜸이 들어야 살만 해진다. 그래도 불은 늘 불이고 물은 늘 물이며, 김은 항상 김이고 솥뚜껑은 항상 솥뚜껑이지만, 더 이상 대립하고 상극하지 않는다. 상생 속에서 조화를 부리게 된다. 이게 결혼이 가져다주는 행복이요, 기쁨이다. 결혼은 밥을 짓는 일과 같다는 것을 뼛속 깊이 새겨 두자.

두 개의 욕망

우리는 식욕과 성욕이 밀접하게 관련되어 있다는 것을 멀찍이 또는 가깝게 느껴 알고 있다. 식욕이 왕성하면 성욕이 넘치고, 식욕이 떨어지면 성욕도 부진한 것을 모르는 이가 있을까?

수탉이 암탉에게 구애를 할 때 먹이를 물어다주는 행위, 남녀가 데이트를 할 때 남자 쪽에서 음식 값을 내려는 심리, 여성이 남성을 초대했을 때 손수 음식을 해주고 싶은 마음 같은 것들은 단순히 문화적인 것이 아닐 게다. 이런 현상들은 인간이 살아가는 동안 반복하는 두 가지 욕구와 깊은 연관이 있다는 것을 암시한다.

이제 우리의 눈을 범지구적인 차원으로 돌려보자. 바다와 육지는 온통 생물로 가득하다. 이것은 곧 우리가 모두 성적인 존재로 창조되었고, 이는 또한 '생육하고 번성하고 충만하라'는 하나님의 '축복'과 '명령'에 따른 것 아니겠는가? 그러므로 남성과 여성이 서로에게 끌리는 야릇한 에너지를 섞는 것은, 사회의 묵인 아래 자행되는 음성적인 현상이 아니라, 대담하게 치러야 할 성스러운 놀이의 의미를 갖는다 하겠다.

창세기에는 짐승들의 먹이로 '풀'을, 인간들의 먹이로 '채소와 과일나무'를 주겠노라는 하나님의 결정이 축복에 이어 굳이 언급되어 있는데, 이로써 성욕과 식욕이 함축적으로 연계되어 있음을 알 수 있다. 그러므로 우리가 생물로서 음식을 고맙게 대할 때마다 하나님께 식사食事 기도를 하는 것이 마땅하다면, 성의 축복을 받은 존재로서 두 종류의 인간이 어우러질 때에도 성사性事 기도라 할 만한 자세를 지녀야 하지 않을까? 아니, 성에 대한 그와 같은 경외감이 돋아 올라야만 인류 또는 인간은 무지와 허위의 옷을 벗게 될 거라는 의미에서 하는 말이다.

이런 연관성에 기인하여, 성의 교섭이 종종 '먹는다'는 언어와 영상을 일으키고 있는 게 사실이다. 여성은 문자적으로 상대의 신체 일부를 품고, 남성은 심리적으로 상대의 몸 전체를 품으려 하니, 입안에 음식을 넣고 삼키려는 욕망과 통하여 생긴 이미지 아니겠는가?

사마귀 중에는 암컷이 수컷의 성기를 품음과 동시에, 수컷의 머리부터 먹기 시작하는 종류가 있다. 그 수컷의 입장에서 보면 위로 아래로 먹히는 셈이다. 일생에 일회적으로 일어나는 비장한 사건이 곧 '먹히는 또는 먹는' 것이 되는 거다. 그런가 하면 또 다른 거미 종류의 암컷은 수백 마리의 새끼를 낳자마자 그들에 의해 완전히 뜯어먹히니, 그또한 그에게 있어서도 성의 교섭 그 자체가 일회적인 자기희생(먹힘)을 의미하는 것이다.

　이렇듯 수컷은 암컷에게 먹히고, 암컷은 자식에게 먹힘으로써 대를 이어간다. 물론 이런 사례가 예외적이긴 하지만, 아무튼 지구 생태계는 약자가 강자에게 먹히는 잔혹한 먹이사슬만 있는 건 아니다. 남자가 성희의 파트너에게 먹히고, 어미는 또 그녀가 나은 자식에게 먹히는 숭고한 사슬도 존재하는 것이다.

　신약성서에, '내 살을 먹으라, 내 피를 먹으라' 하셨던 최후의 만찬 또는 애찬도 바로 인류를 향해 던지는 거룩한 먹이사슬의 형태로 볼 수 있지 않겠는가? 이런 유훈은 성의 교섭에 관해 어떤 암시를 주는 것일까? 아마도 그것은 파트너에게 '내 육체를 먹으라'고 기꺼이 내어주는 자세일 것 같다는 생각이 든다. 그러기에 고린도서에는, '아내는 자기 몸이라고 제 마음대로 권리를 주장하지 못하고 남편이 하는 것이요, 또한 이와 마찬가지로 남편도 자기 몸이라고 제 마음대로 권리 주장하지 못하고 아내가 하는 것'이라고 하지 않았는가? 내 몸을 상대방에게 음식으로 대접하는 심정이 성서에도 묻어나고 있다. 이렇게 될 때 이른바 성性의 성례전聖禮典이 되지 않겠는가 하는 말이다.

　상대의 몸을 먹는다는 것은 '죽여준다'는 은어와도 상통한다. 그건 어떤 뉘앙스인가? 아마도 혼자서는 어쩌지 못하는 에너지를 절정에 이르게 하므로, '시체'처럼 더 이상 미동도 하고 싶지 않고, 기척을 내고 싶지도 않은 '절대 정지'의 지경으로 인도한다는 뜻일 게다. 이와 관련하여, 성을 연구한 많은 심리학자들은 "상대를 '죽여주지' 못하는 인간이 일상생활에서 다분히 폭력적인 말이나 글을 표출하고, '죽는' 체험을 해보지 못하는 인간이 다분히 신경질적인 자태를 나타낸다."고 하니, 이 또한 무시할 수 없는 노릇이다.

다시 말해, 인류 전체가 성의 교섭에서 '죽음'이나 '죽임'을 맛보게 될 때, 보다 평화로운 세상이 올 것이라는, 논리 같지 않은 논리를 생산해 내본다.

---

*   이 글 속에서, 나는 동성애자에 관한 신학적 견해를 간접적으로 밝히려고 했다. 성스러운 놀이는 단순히 '놀이'로만 끝나지 않는다. 그것은 생명의 존속과, 생명의 누림과 연계되어 허락된 축복이다. 만약 이것이 붕괴된다면, 하나님의 창조세계는 캄캄한 어둠에 직면하게 될 것이다.

오래, 그리고 드물게

죽음에 이르는 성이란 뭘까? 가능하기나 하는 걸까? 물론 이 물음에 대한 답에는 전제가 필요한데, 그것은 성에 대한 대담성이다.

이삭은 가나안 주민들에게 누이라고 속인 아내를 '애무'하다 남의 눈에 띈다(창세기26:8). 대낮에 벌인 성희에 해당하는 거다. 그뿐만이 아니다. 아가서에 나오는 여인은 자기들의 침실이 '푸른 풀밭'이라고 털어놓는다(아가서1:16). 함께 '들'로 나가자고 꼬이기도 하고, '나무숲속'에서 밤을 보내자고도 청한다(아가서7:11). 산이나 들, 또는 밀밭이나 보리밭과 같은 자연 속에서 사랑을 즐긴다는 말이다. 아담과 하와도 동산 안에 집을 지었다는 언급이 없으니, 숲 가운데서 사상 최초의 성사性事를 치렀을 게 아닌가?

아가서는 여인의 벌거벗은 몸을 밑에서 위로 훑어가면서 애찬하고 있다. '샌들을 신은 그대의 발이 어찌 그리 예쁜가? 허벅지의 곡선은 장인 중의 장인이 만든 솜씨 같도다. 배꼽은 포도주가 찰랑거리는 둥근 잔이요, 허리는 호밀의 단 같구려. 유방은 한 쌍의 사슴, 쌍둥이 노루요, 목은 상아로 만든 탑, 눈은 연못, 코는 멀리 바라다보는 망대라. 머리는 가르멜 산처럼 우뚝하고, 늘어뜨린 머리는 공단처럼 검구려.'(아가서7:1~5).

전라全裸의 여인이 샌들은 왜 신고 있을까? 새 소리 때문에 산이 더욱 고요하듯이 거의 다 벗었음을 돋보이게 하려는 기법이다. 남자의 육체를 묘사하는 부분에서도 보석 박힌 반지만을 손에 끼고 있어서 다 벗은 모습을 뇌리에 각인케 한다(아가서5:13~14).

이렇듯 한 남자와 한 여자의 육체를 구석구석 감상한다. 자신의 창작물을 '보니 참 좋았다'고 선언한 창조주의 심미적 성향과 통하고 있는 거다. 끝부분에서는 남녀의 성애가 '죽음처럼' 강렬하며, '타오르는 불길'이라고 노래한다(아가서8:6). 아마도 서로를 주고자 하는 성례전에서 성적에너지를 대담하게 불태워 죽음에 이르는 황홀을 체험했던 모양이다.

그럼 자연 속에서 다른 동물들의 성의 세계를 염탐해 보자. 그들은 성을 어떻게 누릴까? 물론 모든 동물들을 일반화할 수는 없지만, 대개의 짐승은 1년 중 발정기에만 암수가 교접을 한다. 그걸 '드물게' 한다고 표현한다면, 짐승들은 드물게 한다. 그리고 여름밤의 반딧불이 벌레들의 경우를 보면, 암수의 무리들이 각기 다른 점멸 방식으로 신호를 보내다가 풀밭에 내려앉아 한 쌍을 이루고, 거의 두 시간 가량이나 가만히 있다. 시골 마을에서 흔히 볼 수 있는 멍멍이들의 교접도 장시간에 걸쳐 이루어진다. 곧, 이들은 '오래' 한다. 그러니 자연세계의 교접은 (일반화할 수는 없지만) 드물게, 길게 되는 것이다.

이에 반해, 기술문명 속에 살아가는 절대 다수의 인간들은 '자주' 그리고 '짧게' 교섭을 한다고 봐도 틀리지 않을 게다. 아마도 이것은 대량생산과 인스턴트의 소비양태를 반영하는 것일지도 모른다. 우리는 지금 고대 유목시대와 농경시대와는 판이하게 다른 성적 암시를 받는 환경에 살고 있다. 그리고 자연에 노출되는 기회가 많이 박탈된 채, 만성피로를 해갈시키는 찰나적 분출구로서 성적에너지를 누전漏電시키며 살고 있다. 뿐만 아니라 성의 영상을 과장시킨 상업적인 매체에 접하면서, 자신들의 경우를 불만스러운 것으로 인식하게끔 세뇌당하고 있다. 이렇듯 현대인은 성의 악순환에 걸려들어 있는 것이다.

우리는 피곤하여 반쯤 졸린 상태로 성 교섭을 갖는 짐승이 없다는 사실에 유의해야 한다. 이렇듯 부자연의 극대를 창조해 가는 현대 문명의 여건 속에서, 신비스런 생물학적 에너지를 오로지 수면용 또는 스포츠용이나 스트레스 해소용으로만 쓴다면, 창조주가 내려다보면서 뭐라 하겠는가?

이것은 마치 어느 저축은행 회장이 그의 집 지하실에 고이 모셔뒀던 수억 원짜리 스포츠카와 같은 꼴이 되는 거다. 아니면, 그 값비싼 자동차를 돼지고기를 굽는 불판으로 사용하는 것과 같은 거다. 성은 창조주 하나님이 주신 값비싼 선물과도 같다.

그러므로 성은 피로를 푸는 데만 쓰거나, 아무 의미도 뜻도 새기지 않고 심심풀이처럼 의당 했던 행위이기 때문에 하거나, 밤이 되었으니 '그거라도 해야지' 해서 하는 허접한 행위가 아니라, 오히려 피곤이 가신 다음에 정신없이 노는 아이들처럼, 호기심과 집중력과 정열을 장시간 쏟아 상쾌함을 얻는 놀이가 되어야 하는 것이다. 이것은 마치 이레 중 하루를 예배에 임하는 성숙한 영혼처럼, 절도와 고요와 정성을 기울여 충만감을 얻는 예식이라 할 수 있다.

따라서 우리는 현대사회의 조급하고 경박한 성의 관습을 떨쳐버리고, '오래'와 '드물게'를 결의해야 할 것이다. '죽음에 도달하는 성'의 관건이 바로 이것, '오래'와 '드물게'에 있기 때문이다.

침묵이라는 폭풍 속으로

우리가 다 아는 구약성서에 나오는 야곱은 '몸매가 미끈하고 얼굴이 예쁜' 라헬을 아내로 얻기 위해 7년이나 죽도록 일한다. 그러나 정작 첫날밤을 치르고 아침에 눈을 떠보고는 까무러치게 놀란다. 평소에 시집보낼 것을 걱정하던 그의 부친 라반이 그만 라헬의 언니 레아를 캄캄한 방 안으로 들이밀었기 때문이다(창29:25). 아마도 레아는 남자의 호기심을 자극할 만큼 성적인 매력이 없다고 판단했던 모양이다. 어떻든 그녀는 그렇게 해서 '性'을 획득한다. 하룻밤의 性이지만 말이다. 두 사람은 캄캄한 중에 서로 말도 건네지 않고 몸만 뜨겁게 섞었던 모양이다.

짐승들은 물론 말을 하지 않는다. 대화를 하지 않는다는 말이다. 말이란 인간 사회의 유산인지라, 남녀의 지성소에서 말을 쓴다면 옷 입은 채로 욕탕에 들어서는 꼴이 될 것이다. '性의 성례전聖禮殿'에선 이런 옷을 벗어야 한다. 그리하여 '낯선 사람'으로, 또는 '동물'로 마주할 때라야 권태로운 익숙함에서 벗어나고, 창조주가 우리 몸 안에 숨겨 놓은 거친 에너지를 쏟아 놓게 된다.

이것이 본래의 '性'아니겠는가? 눈으로 보는 게 아니라(감성), 말을 주고받아서(이성) 의사를 타진하는 게 아니라, '옷을 벗고 낯선 사람이 되어 거친 에너지를 쏟아 내는 것' 말이다. 그것을 우리는 '본성本性'이라 해도 틀리지 않을 것이다.

그러면 누구에게나 있는 이 '본성'을 어떻게 거룩한 에너지, 즉 '聖의 에너지'로 옮겨 갈 수 있을까?

바닷가에서 벌거벗고 노는 천진한 아이들처럼, 세상이야기 또는 의례적인 이야기나 농담 없이 이성과 마주쳐 보는 거다. 아가서에서처럼 알몸으로 서로 바라보며 앉거나 서서, 호기심에 가득 찬 눈으로 창조주가 지어놓은 진기한 예술품을 구석구석 탐험한다. 이렇게 눈이나 코나 입 또는 손으로 서로의 육체를 남김없이 감상하다 보면, 몸과 의식이 달아오른다. 이것을 모르는 성인은 없을 것이다. 창조주 하나님께서 그렇게 프로그래밍 해놓았기 때문이다. 다만 그 순간에 세상에서 주워들은 일체의 개념이 머릿속으로 드나들지 않게 하는 것이 중요하다. 곧, 생각이 아닌 온전한 '감각'으로 하라는 거다. 이렇게 에너지를 저수지에 가득 찬 물처럼 머금은 채, 말이나 생각을 쓰지 말고 감각대로만 내버려두면 이제껏 하지 않던 행동으로 옮겨 가는 것을 경험하게 될 것이다.

문명의 찌꺼기인 관습과 부자연에서 해방되는 경험이요, 짐승과도 같이 찰나나 순간을 사는 경험이다. 이런 상태로 시간 가는 줄 모르고 서로의 육체를 탐험하면, '무시간'이 무엇인지, '두려움 없음'이 무엇인지 영혼이 알아차리게 마련이다. 서로가 가쁜 숨결만으로 방 안을 채우고 원초적인 돌풍이 몰아칠 때 창조적인 '혼돈'이 무엇인지 깨닫게 된다. 차츰 낯설고 신비스러운 에너지의 육화가 지각을 통해 전달이 된다. 단순한 운동에너지에서 거룩한 에너지로의 전환 말이다.

이제 폭풍이 지난 후 잠시 숨을 가라앉히고 서로 얼굴을 파묻고 있어 보자. 노곤한 중에 갑자기 내 의식 깊은 곳으로부터, '이게 뭘까?' '이게 누구일까?' 하는 비이성적인 목소리가 솟게 된다. 사람이 취해 있을 때만 작동하는 기억 더듬기가 일어나는 것이다. '기억 더듬기'란 무엇을 말하는 것일까? 태곳적(창조의 시간) 어느 마을에선가 함께 살던 두 영혼이 어쩌다 뿔뿔이 흩어져 수많은 시공을 여행하다 이제 다시 만난 것이 아닌가 하는 느낌이 피어오르는 것을 말하는 것이다. '이게 누구였을까'라는 물음은, 그리고 나는 언제부터 나였을까? 하는 궁금을 의미한다.

이렇게 일상의 익숙함을 한 꺼풀 벗고 나면 '존재의 신화적인 차원'이 열리게 된다. 이제 눈을 크게 뜨고 서로의 눈동자를 들여다보게 될 때, 우주가 나를 통해 그 자신과 상봉하는 신비감이 동트게 되는 것이다. 차츰 이런 의식에 도달한 존재는 피곤과 조급과 권태에서 해방되고, 강물처럼 넘쳐흐르는 에너지에 파묻히게 된다.

이것이다.

생물학적 '性'에너지를 '聖'으로 바꾸는 길 말이다.

존재의 르네상스

보고 싶고
알고 싶고
이해하고 싶다는 욕망의 폭발,
그것이 '존재의 르네상스'다.

이승에서
이거 없이 사는 사람은
저승 곧, 영원을 향해
한 발자국도 내딛지 않는 것과 같다.

르-네상스는
우주의 모든 피조물에
생명이 똬리 틀고 있다는 것을 믿는
믿음이다.

산고産苦의 인문학적 이해

"아빠, 산기産氣가 있어서 병원에 가요."

이제나저제나 아기가 나오기를 기다리던 딸이 둘째를 낳으러 병원으로 간다는 문자다. 지금 스위스는 새벽 3시 30분. 어제 저녁 둘째의 이름은 지어 놨느냐고 물었더니 '출산의 고통을 겪으며 생각해 보겠다'고 해서, '뭐 이런 애가 다 있나' 했다. 출산의 고통조차 감사하게 받아들이는 딸애를 생각하니 까닭 모를 눈물이 울컥 솟구친다. 왜 하나님은 하필 남자와 여자가 합해서 종족을 이어가게 하셨을까?

그야말로 무성생식, 즉 한 몸에서 애를 갖고 낳고 하면 두 배나 많이, 그리고 빨리 낳을 수 있을 텐데 말이다. 그러면 출산의 고통도 없을지 모른다. 왜 까탈도 많게 유성생식을 하는 걸까? 이건 비단 인간들뿐만 아니라 대부분의 식물, 동물이 마찬가지다.

진화생물학자들이 말하길, 어떤 개체가 후손을 만들어낸다는 것은 부모가 체내의 기생생물과 싸워 이겼기 때문이란다. 하지만 기생생물 역시 부모의 방어 체계를 뚫을 수 있도록 진화하기 때문에, 후손이 부모와 약간 다른 유전자로 태어나야 개체 내부에 있는 기생생물과 싸위 이기는 데 유익하다는 거다. 이걸 '붉은 여왕 이론'이라고 하는데, 이 질적인 남자와 여자가 합해서 후손을 만들도록 되어 있다는 게다. 체내의 기생생물과 싸워 이김으로써 오래도록 종족 번식을 하기 위해서 말이다.

바나나는 본시 까만 씨가 있다. 사실 지금 우리가 먹는 바나나는 불임不姙 바나나이다. 사람들이 일부러 그렇게 만든 것이다. 문제는, 최근 접목을 통해 이어지던 바나나나무에 강력한 세균이 침투했는데 그걸 막을 방법이 없다는 거다. 10년 이내에는 없단다. 만약 10년 이내에 이 세균을 물리칠 방도를 구하지 못하면, 우리는 영영 그 흔한 바나나를 먹지 못하게 되는 거다. 바나나 묘목을 단순화한 데서 발생하는 재앙이란다. 이를테면, 무성생식이 가져온 멸종의 위기인 셈이다.

질 들뢰즈는 말한다. "생산은 단순히 동일한 것의 반복이어서는 곤란하다. 생명이 이어지려면 차이 나는 것들과의 소통에서 발생하는 결과여야 한다." 그것은 쉽게 말해, '이질적인 것들과 소통하고, 그것을 통해 창조되게 하라'는 것이다.

딸애가 이 새벽에, 스위스 몽트렉에서 둘째를 출산하기 위해 당하는 고통의 내력은 이렇다. 인문학적으로 말이다.

쌀농사와 농부 조은구

나는 이 글을 꼭 써야만 한다. 내가 어떤 '상황' 속에서 글을 꼭 써야 한다고 결심하는 경우는 거의 없었다. 그런데 지난 화요일, 조 장로님이 한 해 동안 샘밭 논 2천 평에서 공들여 지은 햅쌀을 싣고 서울로 가면서 나는 결심했다. '쌀과 농부 조은구'의 이야기를 '꼭 써야 한다'고 말이다.

천천히 씹어서 공손히 먹어라
봄에서 여름 지나 가을까지
그 여러 날들을 비바람 땡볕으로
익어온 쌀인데,
그렇게 허겁허겁 삼켜 버리면
어느 틈에 고마운 마음이 들겠느냐
사람이 고마운 줄 모르면
그게 사람이 아닌 거여.

- 감리교 목사 이현주의 시 「밥」 전문

쌀의 품종은 전 세계적으로는 20종류나 된다. 그러나 아시아에서는 거의 '오리자 사티바oriza sativa'라는 한 품종이 재배되고 있다. 이 오리자 사티바의 대표적인 아종(亞種-사티바에 가까운 품종)이 '자포니카'와 '인디카'이다. 쉽게 말해 '자포니카'는 우리나라의 쌀처럼 찰진 기운이 있는 품종이고, '인디카'는 우리가 쉽게 '안남미'라고 부르는 동남아 지역의 밥알이 홀홀 날아다니는 품종을 말한다.

1998년 충북 청원군 소로리라는 동네에서 1만 7천 년 전의 볍씨가 출토되었다. 그 품종이 바로 '자포니카'로서, 세계 최초의 볍씨로 판명되었다. 경기도 여주에서도 약 3천 년 전에 재배했던 '자포니카' 볍씨가 탄화미炭火米로 발견되었으니, 벼농사는 세계 인류사에서 한국이 최고다. 물론, 조 장로님이 올해 농사지은 그 볍씨도 1만 7천 년 전 그 볍씨의 자손이다.

그 어마어마한 역사를 지닌 벼농사를 조 장로님이 지었다. 2천 평의 논에서 우렁이 농법으로 햅쌀 50여 가마를 수확했다. 그중에 80킬로그램들이 40가마를 청담동의 〈블루독 베이비〉에 팔았다. 당연히 시중가보다 약간 더 받고서다.

쌀을 실은 화물차를 뒤에 세우고, 나는 조 장로님과 앞서 경춘고속도로를 달리고 있었다. 장로님이 내게 이러신다.

"지난밤에 쌀농사 지으면서 들어간 현금이 얼만가 따져 보았어요."

"그랬더니요?"

"볍씨 사고, 논 갈고, 써레질 하고, 모판 짓고, 모 심고, 우렁이 사다가 넣고, 애기 벼 때 약 한 번 치고, 베고, 타작하고, 말리고, 정미하는 데 들어간 돈이 8백만 원이에요."

"그럼 2천 평에서 수확한 쌀 40가마 값(후하게 쳐서 한 가마에 20만 원)이 그냥 몽땅 다 들어간 거네요? 장로님의 품값은요?"

"그건 계산에 넣을 수가 없어요. 남는 게 없으니까요. 나하고 마누라의 1년 품값은 받을 데가 없어요. 그래서 지난밤 내가 울적해 하니까 이 권사가 방으로 들어가 우는 거 같더라고요."

운전 중에 듣는데 내 가슴이 미어졌다. 나도 모르게 눈물이 주루룩 흘렀다. 농사만 짓다가 대장암에 걸려 61세에 돌아가신 아버지 생각에 또 주루룩…. 아버지도 가을 매상만 하고 돌아오면 술로 보름을 지새우셨는데, 그때 어린 나는 아버지의 그 통한의 마음을 몰랐었다. 아버지는 그래서 사계절 중에 '가을'을 제일 싫어하셨다. 슬픈 가을이었기 때문이다. 허무한 가을이었기 때문이다.

이 세상에서 가장 착한 사람들, 1만 7천 년을 지켜가는 사람들은 왜 이렇게 가을이 허무해야 할까! 남들은 가을 단풍놀이를 즐거워라 잘도 다니는데 말이다.

그들에게 '500원'은
핏줄이다

횡성에서 농사를 짓던 부친은 대장암에 걸려서 고생하셨다. 수술을 몇 차례 거듭했지만 돌아가시기 직전까지 옆구리에 구멍을 뚫어놓고 사셨다. 그러느라 시골집은 형편이 말이 아니었다. 식구들은 식구들대로 뒤숭숭한 나날이 거듭되었고, 살림살이는 나빠질 대로 나빠졌다. 가장 큰 고통은 아버지의 병원비를 더 이상 만들 수 없다는 거였다. 안흥면 내에 우리 아버지를 아는 분치고 돈 안 빌려준 분이 없었으니, 그 상황이 얼마나 피폐했을까 짐작할 수 있다.

결국 아버지는 치료의 끝도 보지 못하고 병원을 도망치듯 나오셨다. 온갖 호스를 온몸에 주렁주렁 매단 채 말이다. 그래도 그건 월현리 1384번지 인근의 경작용 토지 2만여 평을 병원비 대신 차압당하여 고향을 떠나는 일에 비하면 견딜 만한 일이었지 싶다. 결국 아버지와 동생들은 빈 항아리 두어 개, 참싸리로 만들어 놓았던 마당 빗자루 한 단(5~6개), 궁색이 더덕더덕한 때 묻은 이불 몇 채를 싸들고 춘천으로 이주를 하셨다. 큰아들이 거기 살고 있었기 때문이다. 여덟 식구가 비빌 언덕이라곤 사실 큰아들밖에 없었다.

그곳이 신북읍 율문리의 신장수 어른 댁 건넌방이었다. 근처에 지금 우리 교회의 조은구 장로님 댁이 있다. 부엌이 딸린 방 한 칸에 마루방이 두 개 붙어 있어서 그곳에 모두 열한 식구가 자리를 잡았다. 그때는 그저 하루하루를 잘 사는 게 가족들의 희망이었다. 어머니는 매달 정기적으로 쌀 한 가마, 국수 한 궤짝, 밀가루 한 포, 보리쌀 한 가마를 우선 확보해야 안심을 하셨다. 겨울에는 연탄을 3백 장 들여놓아야 했던 것 같다. 연탄가게가 조 장로님 앞집에 있어서, 배달 비용을 아끼려고 초가을에 동생과 함께 겨울 동안에 땔 연탄을 날랐는데, 하루에 2백 장이었던 기억이 새롭다. 콧구멍은 왜 그렇게 새카맣게 되던지.

아버지는 갓 60을 넘기자마자 돌아가셨고, 어찌어찌하여 고생 끝에 몇 군데의 셋방을 전전하던 어머니는 시내에 아파트를 분양받아 샘밭을 떠나셨다. 그 사이에 동생들도 각자 자기의 살길을 찾아 집을 떠났다. 아파트로 옮기면서 어머니는 연탄과 작별을 했다. 사실 교회 사택도 연탄을 땠다. 연탄 3개가 들어가는 방이 3개나 있어서 하루 종일 연탄불 걱정을 하며 살았던 것 같다. 1999년에 지금의 예배당과 사택을 지었으니, 내가 연탄과 헤어진 지는 불과 10년 남짓이다.

오늘 나는 새삼스럽게 19공 연탄 한 장 값이 500원이라는 사실을 알았다. 뜻하지 않게 사단법인 〈따뜻한 한반도, 사랑의 연탄 나눔 운동〉 강원본부의 대표를 맡고서다. 허영이라는 이가 맡아서 하던 일인데, 그가 도지사 비서실장으로 들어가는 바람에 내게 돌아왔다. 이 단체는 춘천에만 4천 명의 자원봉사자들이 등록되어 있고, 겨울 동안 강원도 전역에 50만 장의 연탄을 배달한다. 지난해까지는 북한에도 20만 장을 직접 전달했다.

10월 마지막 주일부터 본격적으로 연탄 나눔 운동이 시작되어 모금 운동이 한창이다. 내가 꼭 얼마의 양을 모금할 필요는 없지만, 그런 단체의 대표가 되었다고 했더니 언젠가 정세환 장로님이 한 번 들어보자고 해서, 오늘 사무총장과 함께 정 장로님 회사를 방문했다. G1 방송국의 지원, 대양에서의 후원 등을 검토해 보겠다고 하시더니, 경리 담당 직원을 불렀다. 그리고 당신의 1년 치 봉급에서 연탄 1만 장을 연탄본부에 매년 전달하라고 지시했다. 500만 원어치다. 춘천 시내에만 940가구가 연탄을 땐다. 그들에게 하루 연탄 두 장은 어쩌면 핏줄이다.

무한 리필 refill

동문회 임원 모임이 있었다. 회의가 끝나고 저녁을 먹는 식당이 소고기집이었는데, 1인당 얼마를 내면 '무한으로 먹을 수 있는' 집이었다. 이른바 '무한 리필 식당'인 거다. 요즘 '무한 리필'이 어디 그 식당 한 집뿐이랴! 도처에 '무한대로 먹을 수' 있는 곳이 지천에 널려 있다. 소고기 무한 리필, 장어 무한 리필, 한식 무한 리필…. 처음엔 잉크를 파는 가게가 '리필'이라는 말을 쓰더니, 밥집이 아예 '무한無限'이라는 명사를 넣어 그야말로 한限 없이 먹으라고 권한다. 그런 집에 사람들이 미어터진다.

리필refill이란, 비어 있는 그릇에 내용물을 다시 채우거나 보충하는 걸 이르는 말이니, 한限 없이 먹도록 갖다주겠다는 것이다. 보릿고개 이야기가 엊그제 같은데, 이제는 '무한대로 먹을 수 있다'니 참 살기 좋아졌다.

그런데 이렇게 몸의 음식은 무한대로 먹어치우면서, 마음을 변용하는 양식, 거듭나는 데 필요한 영양분, 진리를 깨우치거나 인간 의식과 인간성의 성화에 도달하는 영적 양식은 '무한'이 아니라 '유한'이다. 몸을 위해서는 '무한대'로 먹으면서 인간 내면을 위한 양식을 섭취하는 일엔 '유한'이라는 말이다.

이게 이 시대의 군상이다. 교회와(절간인들 다르며 중인들 다를까) 교인들의 현주소다. 소고기 먹는 일에는 무한이고, 과녁을 향해 인생과 마음을 변용시키는 일에는 유한인 것 말이다. 오늘도 곳곳에서 '망가진 축음기'가 돌고 있다. 축음기 앞에서 찌그러진 소리를 듣는, 이미 찌그러진, 그러나 소고기는 무한으로 리필하는 영혼들이 졸고 있다.

그해 여름

월현리 1387번지의 농토를 모두 아버지 병원비로 은행에 넘기고 고향을 떠난 열한 식구가 자리를 잡은 곳은 신북면 율문리였다. 조은구 장로님 댁에서 한 마장(약 400 미터)쯤 떨어진 곳에 있는 두 칸 반 짜리 집이었는데, 방과 방 사이에 마루가 있어서 그걸 방으로 썼다. 많은 식구가 야반도주하듯 고향을 떠났으니 변변한 집을 구할 리 없었다. 월세였던 그 집조차 우리에겐 감지덕지였다.

겨울은 그런대로 살 만했다. 추위도 작은 방에 모여 사니 서로의 체온이 절실히 고마웠던 까닭이었으리라. 문제는 요즘처럼 푹푹 찌는 여름이었다. 처마 끝에 매달아서 만든 부엌 전깃줄엔 어린아이 머리통만한 쥐들이 공중그네를 타고, 납작한 기와집은 벌겋게 달아서 새벽이 되도록 식을 줄 몰랐다.

형제들은 밤마다 이른 저녁밥을 먹고 소양강가로 나갔다. 물에서 피어오르는 물안개가 38도를 상회하던 체온을 끌어내려주고, 5분을 견디기 어려운 소양강물에 잠시라도 몸을 담그면 늘 따라다니는 가난과 견디기 어려운 무더위가 무색하도록 기분이 좋아지곤 했다. 밤이 지굿해서야 형제들은 '납작 집'으로 걸어 들어왔는데, 냉동인간처럼 바짝 얼린 몸이었지만 강가에서 집까지의 거리가 30여 분 남짓 걸리는지라 집에 당도할 즈음엔 그만 도루묵이었다. 그나마 남아 있던 서늘한 감정마저 새벽까지 펄펄 끓던 납작 집이 모두 삼켜버리곤 했다.

30년 전쯤의 이야기다. 그 이후 나는 어느 여름이든 에어컨은 물론 선풍기도 없이 지낸다. 더우면 더운 대로 사는 재주는 그때 그 '신북리 여름'의 후유증 같은 것이다. 홀러덩 벗어놓고 어려워서 읽지 않던 책을 꼭꼭 씹어 읽으며 여름을 나곤 한다. 그래서 여름에는 우리 집에 손님이 드는 게 싫다. 내 더위 때문이 아니라 그들의 더위가 문제가 되기 때문이다.

스위스에서 사돈과 사위가 왔다가 사돈네 부자는 한 달 만에 돌아가고, 지금은 딸과 손녀가 머물고 있다. 두 달째다. 장마철에는 그럭저럭 지낼 만했다. 태어난 지 갓 50일밖에 안 된 아기는 보채지 않고 잘 놀았고, 다섯 살이 된 나루도 아침저녁의 명랑함이 기울어지지 않았다. 그런데 지난주부터 갓난애는 밤새 울어대고, 나루는 열이 떨어지지 않는데도 열심히 논다. 연일 30도를 넘어서는 무더위 때문이다.

급기야 예배당에서 쓰는 앉은뱅이 선풍기를 가져다가 돌렸다. 갓난애는 잠시 잠을 청했지만, 금세 급조된 바람을 거절하기 시작했다. 손녀들이 밤새 저러니 온도의 평온을 유지하던 내가 더워지기 시작했다. 내장이 끓는 느낌이다. 딸애가 오늘 저녁에는, 갓난애 젖을 빨리고는 에어컨을 사러 나간다고 한다. 내일모레 글리옹으로 돌아갈 아이가 말이다.

"너희들 돌아가면 아빠는 여전히 여름 온도의 평형을 유지하게 될 거다. 손녀들을 위해 미리 준비하지 못하고 지냈는데 무슨 에어컨일까. 선들바람 부는 가을을 간절히 기다리는 마음을 돋우마."

이번 여름이 꼭 '그해 여름' 같다.

목사의 장독대

어제 말갛게 닦아 놓은 항아리들을
어머니는 오늘도
닦고 또 닦으신다.
지상의 어느 성소인들
저보다 깨끗할까
맑은 물이 뚝뚝 흐르는 행주를 쥔
주름투성이의 손을
항아리에 얹고
세례를 베풀 듯, 어머니는
어머니의 성소를 닦고 또 닦으신다.

– 고진하 「어머니의 성소」 중에서

해마다 교회에서는 여성 교우들이 장을 담근다. 예배당 옥상 위에
커다란 장독 시너 개를 올려다 놓고 거기에 간장, 된장, 고추장을 담는

다. 햇살 좋은 날은 장독 뚜껑을 열고, 궂은 날은 꿈쩍 않게 뚜껑을 닫고를 반복하면서 빛깔이 들고 맛이 깊어지면 그걸로 주일마다 교우들이 먹는 음식의 기본을 삼는다. 그래서 우리 예배당은 '목사의 설교보다 밥맛이 더 좋다'는 이야기도 있다.

지난해 가을, 아직 된장 빛깔이 제대로 들지 않은 누런 장이 우리 집으로 내려왔다. 햇 된장이니 목사가 먼저 맛을 보라는, 뭐 그런 뜻에서였다. 살짝 맛만 보기에는 양이 제법 많았다. 항아리에 담을 것도 아니고 그렇다고 밥그릇에 담아둘 수도 없는 터라 플라스틱 통에 담아 냉장고 맨 밑에 두었다. 외식이 잦고 식구가 없으니 된장 먹을 기회가 없었다. 그렇게 냉장고 밑에서 된장은 숨죽이고 1년을 났다.

지난여름 장마가 지나고 나서 냉장고를 청소하는데 된장이 든 플라스틱 통이 눈에 들어왔다. 열어보았더니 된장 위로 물이 흥건하게 생겨 찰랑거렸다. 살림을 잘 모르는 내 눈에도 가만 두면 안 되겠단 생각이 들었다. 그래서 2층 내 방 앞 베란다로 장 그릇을 올려다 놓았다.

아침에 하늘을 쳐다보고 맑을 것 같으면 뚜껑을 열어 놓고 출타를 하고, 돌아와선 제일 먼저 장 그릇 뚜껑을 덮는 게 내 일과 중 하나가 되기 시작했다. 그리고 차츰, 먼 곳에 있을 때 하늘이 흐려지면 열어둔 장 그릇 걱정이 가장 먼저 생기는 게 아닌가? 또 반대로 아침에 하늘이 침침해서 장 그릇을 닫아두고 외출을 했는데 해가 쨍쨍 나면 장 그릇 덮개를 열지 않고 외출을 한 게 후회스러워졌다. 어느 날은 교우들과 심방을 하다가 나도 몰래 "아! 장독 뚜껑을 열어 놓고 왔는데!"라고 해서 동행한 교우들이 웃음을 터뜨리기도 했다.

가을이 되었다.

장 반, 물 반이던 된장이 어느 새 꾸둑꾸둑해졌다. 옛날 어머니가 가졌음직한 뿌듯함이 장을 볼 때마다 내 마음을 차지하는가 싶더니, 어느새 작은 항아리를 구해다가 된장을 퍼 옮기고, 베란다에 벽돌을 올려서 제법 장독대 비슷하게 만들게까지 되었다. 물론, 항아리를 씌우는 덮개도 샀다. 1,420원에 작은 것, 중간 것, 큰 것까지 모두 3개가 들어 있었다.

그런데 문제는, 작은 항아리 하나로는 성에 차지 않았다. 이왕 장독대 모양새를 갖추려면 고추장, 간장, 막장 이렇게 서너 개는 더 있어야 할 것 같았다. 그래야 '내 장독대'라 할 수 있지 않을까. 그래서 지난주일 낮 예배시간 전에, 교우들과 한 주간의 이런저런 소식을 전하고 나누는 시간에 장독대 이야기를 꺼냈다. 많이는 달라고 하지 않을 테니, 내가 모처럼 장만한 나만의 장독대가 제 구실을 할 수 있게 작은 항아리에 장을 좀 담아서 나눠 달라고 청했다.

누가 어떤 장을 담아다가 나에게 줄지 내일, 주일 아침이 기다려진다. 여러 개의 장항아리들을 햇살에 진열하고 아침저녁으로 뚜껑을 여닫으며, 윤이 나게 항아리들을 닦을 내가 기대된다. 나이 50이 넘도록 나 자신을 갈고닦는 일이 변변치 않으니 장항아리나 잘 닦아봐야겠다. 그래서 아름다운 장독대 하나 가지고 살았던 목사로 남고 싶다.

우체통이 빨간 이유

이문재 시인의 「푸른 곰팡이」라는 시를 읽는다.

아름다운 산책은 우체국에 있었습니다
나에게서 그대에게로 편지는
사나흘을 혼자서 걸어가곤 했지요

그건 발효의 시간이었댔습니다
가는 편지와 받아볼 편지는
우리들 사이에 푸른 강을 흐르게 했고요

그대가 가고 난 뒤 나는,
우리가 잃어버린 소중한 것 가운데 하나가
우체국이었음을 알았습니다

우체통을 굳이 빨간색으로 칠한 까닭도
그때 알았습니다.
사람들에게 경고를 하기 위한 것이겠지요

예배당과 주택 사이에 빨간 우체통 하나를 세웠다. 주일 아침에 견고하게 붙들어 매려고 넓적한 돌에 구멍을 뚫고 너트로 고정시키고 있는데 누가 묻는다.

"우리가 보낼 편지도 여기 넣으면 되나요?"
"그럼요. 일부러 우체국까지 가기 어려울까 봐 예배당에 우체통을 설치하는 겁니다. 주일이나 수요일 아니면 새벽에 기도하러 올 때 편지를 가져오세요. 그리고 예배당 빨간 우체통에 넣으세요. 우표 값은 제가 대신 내드릴게요."

시인의 생각처럼 우리는 요즘 발효 안 된 '날 생각'과 '날 행동'으로 살고 있다. 그건 시인의 말마따나 '발효의 시간' 없이 살기 때문에 그런 거다. 우체통이 빨간 이유는, 그렇게 사는 우리에게 보내는 '경고'라 하지 않는가. 이제 아셨는가? 우체통이 빨간 이유를 말이다. 예배당에 빨간 우체통을 세워둔 이유를 말이다.

이창동의 영화 〈시〉

영화 〈시詩〉는 윤정희라는 배우가 열연한 작품이다. 프랑스의 칸영화제에서 이러저러한 극찬을 받은 작품 중의 하나다.

노년에 든 여주인공이 시를 배우기 시작하면서 시상을 찾기 위해 그동안 무심히 지나쳤던 일상을 주시하며 아름다움을 찾으려 한다. 그러던 어느 날, 자신의 머릿속에서 '명사名辭'가 떠오르지 않는다는 걸 깨닫는다. 이를테면, 강아지, 태수, 숟가락, 밥, 돈, 명예 같은 단어들이 생각나지 않는 거였다. 그 대신 부사와 형용사 그리고 동사만 그의 입에서 튀어나왔다. '밥 줘', '싫어', '누가 나를 때렸어' 같은 문장들이다.

치매는 '명사'를 버리고 '부사'와 '형용사' 그리고 '동사'만을 기억하는 삶의 장치라고 한다. 사람이 이 땅에 살 때는 명사를 가장 많이 쓰지만, 이 땅을 떠날 때가 되면 하나씩 둘씩 수많은 이름씨들을 버리고 삶의 한 부분이 되었던 '형용사', '부사', '동사'들만 기억하게 된다는 것이다. 그러니 정작 우리는 가장 별 볼 일 없는 '이름'만 나열하며 사는 셈이다. 이 말은 역설적으로 '명사'의 삶을 사는 사람은 치매에 걸릴 확률이 높다는 뜻도 되겠다. 명사는 주로 잘난 사람들, 지식인의 소유다. 못난 사람들, 못 배운 사람들의 말은 기칠다. '거칠다'는 것은 동사거나 형용사다.

치매에 걸리지 않으려면 또 삶이 부유하려면, 가급적 명사는 삼가
고 '형용사'와 '동사' 그리고 '감탄사'로 사는 게 좋다. 이창동의 영화
는 이걸 암시한다. 이런 의미에서 목사의 설교도, 이 땅의 사람들을 향
한 하나님의 말씀도, 영화 〈시〉가 주는 의미와 같다고 할 수 있다.

나는 고양이로소이다

단박에 이 제목을 알 만한 이들도 있을 터다. 나쓰메 소세키의 소설 제목이니까 말이다. 책이나 몇 권 읽으며 한 주간을 지내겠다는 생각이었는데 금세 읽었다. 내친김에 소설책 두어 권을 뒤풀이 삼아 더 읽었다. 그중에 한 권이 바로 이 책이다. 여기 이런 대목이 나온다.

겉과 속이 다른 인간은 일기라도 써서 세상에 드러내 보일 수 없는 자신의 속내를 풀어놓아야겠지만, 우리 고양이족은 먹고 자고 싸는 생활 그 자체가 그대로 일기이니 굳이 그렇게 성가신 일을 해가면서 자신의 진면목을 보존해야 할 것까지는 없다. 일기를 쓸 시간이 있으면 툇마루에서 잠이나 즐길 일이다.

고양이를 애완동물로 기르는 이들이 있다. 사람이 예뻐해 주면 제법 아양도 떤다. 그러나 고양이는 인간을 복종해야 할 존재라고는 생각지 않는다. 생사여탈권을 쥐고 있다고 생각지 않음으로 고양이는 언제든지 주인을 할퀼 수 있고, 주인을 떠날 수도 있다. 고양이는 주인에게 종속되었다고 여기지 않는다. 고양이는 잘해 주는 사람과도 동등하고 대등한 관계를 유지하고, 가급적 삶을 의존하지 않는다. 이 예민한 차이를 고양이를 애완동물로 기르는 이들은 느껴보셨는가?

개는 고양이와 여러 모로 다르다. 개에게 한 번 주인은 영원한 주인이다. 방금 얻어터지고도 온갖 아양을 떤다. 심하게는 목조임을 당하고도 곧 주인에게로 와서 꼬리를 살살 흔들며 엎드린다. 간혹 주인이밥을 주지 않아도 미워하고 대들고 물지 않는다. 그저 기다린다. 숙맥처럼! 아마 고양이라면 쿨 하게 주인을 떠났을 테지만 개로서는 불가능한 일이다. 어느 개가 주인을 버리고 집을 떠난 적이 있단 말인가?

이거다. 세상 모든 존재와 대등한 관계를 맺으며 살려는 것, 이것이고양이의 도道다. 반면 세계를 일종의 위계 관계로 설정하고, 그 무엇에게든지 복종하여 구부렁대고 꼬리를 살살 흔들며 살려는 것, 그게 개의 도道다.

예수가 우리에게 묻는다고 하자.
"고양이처럼 살래? 개처럼 살래?"

나는 아주 오래전에 고양이 소리를 내며 고양이처럼 살기로 마음먹었다. 그리고 마침내 고양이로 쿨 하게 살다가 죽는 것이 내 마지막소원이다. 이런 생존의 결기를 다시 한 번 북돋워준 책이 『나는 고양이로소이다』이다.

어느새 가을이다.

구애가

사실, 하늘에서 비가 오는 것도 따지고 보면
비상飛上이라 할 수 있다, 하늘로부터 지상으로의.
아침부터 가는 빗방울이 떨어진다.
산행은 어려울 모양이다.

그러면 책을 펴서 영혼의 飛上을 도모하는 수밖에!
인생은 때를 얻든지 못 얻든지 날아올라야 한다.

오늘 아침, 비둘기의 구애가求愛歌가 시작되었다.
구~구~구~~

하늘이 녹아내린다.

여러분, 다시 만납시다!

오늘은 참으로 비감한 하루다. 나는 아침에 김 목사가 소식지를 건네주었을 때 '무슨 연출상황인가?' 싶었다. 그를 아는 여러 사람들을 놀래주려고 일부러 그러는 줄 알았다. 소풍을 가려고 예배당 마당을 서성일 때였다. 하늘은 먹장구름이 걷혀 햇살이 대지와 초록의 자연을 비추려고 하는데, 그만 내 가슴은 시꺼먼 구름이 잔뜩 몰려오는 찰나였다.

서너 주 전이었다. 아마 윤 목사님이 말기 암환자 휴양소로 들어가기 전, 어쩌면 이생에서의 마지막이 될지도 모르는 대중목욕탕의 출입이었을 그날, 천만리에 있는 암반수 목욕탕에서 그분을 만났다. 참으로 오랜만의 만남이었다. 1970년 초, 요선동 그의 아내가 운영하는 샤론양장점의 작은 공간에서 '주님과 작은 무리들의 모임'을 시작한 이후, 그 모임이 커다란 선교 단체가 되어서 〈예수 제자 운동〉이라는 괄목할 만한 대학생 청년 선교단체로 발돋움하는 날까지, 줄곧 나는 그를 따라다녔다. 한동안은 그 선교단체가 운영하는 신학교에서 교회사를 강의하기도 했고, 교육 담당 이사를 하기도 했지만, 감리교와 장로교라는, 웨슬리와 칼빈이라는 건널 수 없는 신학적인 노선이 점점 우리를 '형과 동생'의 자리로만 머물게 했다.

그는 나의 『누가복음 강해』 하권을 펴내주기도 했고, 목사가 되어 목회를 시작할 무렵 가방 하나를 사주면서 길이길이 진리를 펴 나를 것을 당부하기도 했다. 그날, 목욕탕에서 우리는 오랜만에 많은 이야기를 나누었다. 아이들 이야기, 그동안 살아온 이야기, 요즘 교회 돌아가는 꼴 이야기… 그러다가 그와 난 더 늙기 전에 정말 중요한 일 하나를 공동으로 하자고까지 했다. 그것은 교회와 선교의 정체성을 아우르는 마당과 같은, 경험과 이론을 체계화하는 그런 '장'을 만들자는 거였다. 그렇게 미래의 신앙과 교회의 방향을 제시해 보자고 했다.

요즘은 내가 보신탕을 찾아 먹지는 않지만, 그는 유난히 보신탕을 좋아한다. 오가다 만나면 "언제 탕 한 그릇 먹지?"가 인사일 정도였다. 그날도 '언제 만나서 탕 한 번 먹자'며 헤어졌다. 아, 그런데 그는 이제 돌아오지 않는 강을 건너고 있다. 말기 암환자 휴양소인 〈기쁨의 집〉이 내게서 10분 거리에 있지만, 난 그에게 갈 용기가 없다. 죽음 앞에 항상 근엄하고 준비된 나지만, 막상 그 앞에서 내가 할 말은 별로 없다. 그가 교회를 시작할 때 작은 화분 하나를 보내면서 리본에 '가장 불행한 일을 시작하는 목사님께!'라고 적었던 까마득한 지난날이 후회된다. 이왕 할 거면 축하의 말을 할걸, 하는 후회다. 지금 나는 눈물과 콧물이 범벅인 채 이 글을 쓴다.

* 아래 글은 말기암환자의 집인 〈기쁨의 집〉 5월호 회보에서 가져왔습니다.

오랜 고심 끝에 결심했습니다. 결국 평생을 살아온 집을 떠나야 할 때가 온 것 같습니다. 사랑하는 가족들과 함께했던 동역자들의 곁을 떠나 새로운 둥지를 틀어야 할 것 같습니다. 주변 사람들이 나에게 보낼 말들이 생각 납니다. 걱정스러운 말들이겠지요.

"그분의 지병은 회생할 희망이 없답니다."
"아무래도 가망이 없으셔서 그곳으로 가셨겠지요."
"의사가 사형선고를 내리셨나 봐요."
"현대의학으론 불가능하답니다."
"평안하게 계시다가 가시는 것이 그분에게도 도움이 될 거예요."

봄내 호스피스로 나의 거처를 옮기는 날, 나를 향해 쏟아질 말들의 말들입니다. 그리고 이곳의 따사로운 봄볕과 함께 병상 하나를 나의 궁전으로 삼아 경험해 보지 못한 삶의 나날들을 시작합니다. 죽음을 기다리며 살아가는 삶은 모순입니다. 죽으러 온 것처럼 하루를 버리며 살아가는 삶이 아니라, 오래 버티고자 하는 삶입니다. 저의 병상을 향해 던져주는 사람들의 위로와 격려와 기도가 그날의 양식이 됩니다.

시간이 갈수록 숨소리는 가빠지고 움직임은 둔해지며 힘든 기운이 가득해지면 서서히 죽음이 나에게 다가오고 있음을 느끼면서, 그것은 마지막이 아닌 부활의 첫 출발이라는 생각으로 시커먼 털로 엉겨 있는 얼굴을 예리한 면도

기로 깎아내기 시작할 겁니다.

그러나 여기가 끝이 아닙니다.
사실 나는 죽으러 이곳에 있는 것이 아닙니다. 영원한 생명을 기다리며, 여기에서 주님께서 나의 이름을 부를 때까지 영혼을 맑고 깨끗하게 하기 위해 기다리고 있었던 겁니다.

모든 이별이 죽음을 맛보게 하고 모든 만남이 부활을 맛보게 한다는 쇼펜하우어의 말이, 새삼스럽게 봄 가지 잎새마다 부활의 신앙으로 충만한 나를 들여다보게 합니다.

의사가 나를 포기해서 이곳에 보낸 것이 아닙니다. 내가 세상을 버리고 복된 하늘의 영광을 덧입기 위해 이곳으로 온 것입니다. 이곳이 천국을 향하여 가는 출발지이기 때문이지요.

그리고 단지 죽어가기 위해 온 것이 아닙니다. 숨이 붙어 있는 한 끝없는 중보기도와 간구로 아직도 내 기도가 필요한 이들을 돕고 사랑하고 격려하기 위해 여기 누워 있습니다.

누군가 4월이 잔인한 달이라고 말하지만, 나는 예수부활의 기적을 바라보며 내 마음에 살아 있는 예수 그리스도에 대한 첫사랑과 재회의 기대를 안은 채 4월의 달력을 찢습니다. 나의 아비와 나의 동생과 나의 사랑하는 사람들이 가 있는 하늘을 바라보며 씁니다.

― 예수제자운동 대표 윤태호 목사

4 장

종교와 사색에 대한 반응

어떤 현실이 전혀 부끄러움 없이
되풀이된다면,
그 반복되는 현실에 직면한 사상은 결국
언제나 입을 다물게 되는 법이다.

– 밀란 쿤데라

필리핀의 아침사색 1

스스로의 꿈을 꾸지 못하고 타인의 꿈을 나의 꿈으로 받아들이는 순간, 우리는 노예로 전락하게 된다. 스스로 공동체의 미래를 꿈꿀 여력을 갖추지 못하고 다른 사람이 대신 꿈을 꾸어주겠다고 나타나는 형국, 이것을 '파시즘'이라고 한다.

저녁을 먹고 호텔 가까이에 있는 쇼핑몰 구경을 나섰다. 18명의 동기생들 중 나이가 비교적 많은 네 명이 말이다. 한참 다리품을 팔던 일행은 쇼핑몰의 지하에 자리한 어느 피자집에 앉아 쉬게 되었다. 젊은 남녀들이 북적거리고 있었다. 그들의 얼굴은 그다지 씩씩하고 행복해 보이지는 않다. 지치고 배고픈 늦은 시간에, 후루룩 날아가는 안남미 밥 한 덩이를 우리의 고추장 같은 소스에 손으로 비벼 먹으며 저들은 하루의 일과를 마감하는 듯이 보였다.

우리 중에 누군가 말했다. "지난날 민주화운동에 나섰던 노란셔츠들은 지금 필리핀의 무엇을 위해 움직이고 있을까?" 그러자 또 누군가 말했다. "민주화는 결국 또 다른 종속 상황을 가져오는 시발점인지도 몰라요. 그것은 전 세계를 장악하고 있는 신자유주의죠. 지금 이들도 신자유주의에 내몰려 헤매고 있을 겁니다. 신자유주의는 어떤 의미에서 반민주보다 더 나쁠지도 몰라요. 반민주적인 정치사회 제도는 최소한 국민을 먹여 살려야 한다는 의무는 지고 있지만, 신자유주의는 그모든 것을 개인에게 떠맡기는 일이니까요."

필리핀의 대다수 국민들은 조금씩 나아지는 경제 상황에도 불구하고 여전히 절대 궁핍의 처지를 벗어나지 못하고 있다. 오로지 자본이 집중되는 도시만, 집중된 자본을 소유한 일부 자본가가 살고 있는 지역의 불빛만 화려하게 빛나는 것이다. 이것은 신자유주의의 영향 아래 있는, 전 세계의 공통된 상황이기도 할 게다.

그럼 '신자유주의'라는 게 대체 뭘까?

자본가의 자유, 그러니까 자본의 자유를 적극적으로 긍정한다는 이념이다. 이런 주의, '신자유주의'가 인간의 행복을 가져오는 걸까? 그렇지 않다. 사람이 자본을 증대시키는 수단에 지나지 않기 때문에, 돈을 많이 벌어도, 자본이 증대된다고 해도, 모든 사람이 행복해지는 게 아니다. 사람은 자본에 의해 여지없이 자본 성장의 제물이 되는 거니까 말이다.

사람은 신자유주의의 가치 속에서 오로지 자본 성장의 수단이 될

뿐이다. 신자유주의가 중요하게 여기는 것은 사람이 아니라, 자본의 성장이다. 그들은 말한다. '돈이 많아지면 우리가 더욱 행복해질 것이다', '빵이 커지면 그만큼 많은 사람들이 골고루 나눠 먹을 수 있다'고 말이다. 그렇기 때문에 우선 빵을 크게 구워야 한다는 게 신자유주의다.

그런데 정말 빵이 커지면 그 큰 빵을 가진 이들이 다른 사람들과 나눠 먹던가? 빵을 크게 만드는 데 직접적으로 수고한 이들에게도 그 빵의 분배가 이루어지던가? 그건 그렇다 치자. 그럼 빵을 크게 하는 동안에는 나눠 먹는 걸 잠시 미뤄 두자는 말인데, 그건 지금 빵을 나눌 생각이 없다는 거 아닌가? 이런 맹점이 신자유주의의 이념 속에 도사리고 있는 거다. 이런 이념이 지금 마치 복음처럼 세상을 지배하고 있는 거다. 그것은 우리나라도, 우리나라의 종교도, 종교 안에서 선포되는 이른바 '진리의 말씀' 속에도 숨어 있다.

설교에도 신자유주의로 표방되는 자본주의가 판을 치고 있다. 누군가 설교를 한다. "빵을 크게 구웁시다. 크게 굽는 동안에는 모든 걸 참고 기다립시다. 빵이 커진 다음에야 많은 사람과 나눠 먹을 수 있고, 그래야 우리가 행복할 수 있습니다."

그러나 예수는 말한다. "어린아이의 손에 들린 물고기 두 마리와 보리떡 다섯 개를 지금 나눠라." 그랬더니 5천 명이 모두 배가 불렀다고 복음서는 증언한다. 이미 예수는 오늘날 우리가 신자유주의의 노예가 될 줄 알고 있었는지도 모른다는 생각을 필리핀의 하늘 아래서 해본다.

생멸生滅

이 우주에서
오고 가지 않는 게 어디 있을까요.
바람도 동쪽에서 서쪽으로
또 북쪽에서 남쪽으로 부는데 말입니다.

세상의 이치란 게
그저 생生멸滅입니다.

필리핀의 아침사색 2

어제 아침에 우리가 나눴던 '신자유주의'는 1964년 밀턴 프리드먼이 『자본주의와 자유』라는 책을 통해, 국가가 그 어떤 개입도 하지 않을 때 경제는 가장 효율적으로 돌아가며, 각종 규제, 노동자 보호, 사회보장은 우리의 자유를 박탈하고 모두를 가난하게 할 뿐이라고 주장했던 이론으로부터 시작된다.

결국 1980년대 이후 신자유주의가 세계를 휩쓸기 시작했다. 그리고 연이어 세계의 여러 나라에서 금융 위기가 터졌고, 우리도 IMF사태를 맞게 되었다. 지금은 유럽 경제 공동체가 단일 통화정책 아래서 흔들리고 있다. 지구 저편에서 벌어지고 있는 금융 위기는 지구 이쪽에 살고 있는 우리의 주머니를 순식간에 위협한다. 이것이 신자유주의의 체감온도인 것이다.

빵이 커지면 그때 나누자고 했던 신자유주의는 이제 빵이 커지는 것을 볼 겨를이 없다. 신자유주의가 내건 경쟁의 원리(이래야 큰 빵을 만들 수 있으니까)는 우리를 생존경쟁이란 콜로세움(원형 경기장)에 뛰어든 검투사로 만들어버렸다. 서로의 목에 칼을 겨누고 누군가 하나는 죽어야만 끝나는, 그래서 어떻게 해서든지 살아남아야 하는 절대 절명의 나날을 사는 신세들이 된 것이다. 물론 오늘은 용케 승리할 수도 있겠지만, 내일 어떻게 될지는 아무도 모른다.

생존의 버거운 상황은 이렇게 도래해 있다. 하루하루 사는 게 위기에 처한 사람은 자신 이외의 삶을 생각하거나, 아니면 바람직한 공동체의 모습을 꿈꿀 수 없다. 바로 이럴 때 남의 꿈, 남의 문제를 마치 대신해 줄 거라는 '멘토', 즉 파시즘이 등장하는 것이다. 정치·경제적으로 살기 힘들었던 독일인들이 히틀러의 복음에 열광했던 게 바로 그 파시즘 아닌가?

스스로 세상을 읽고 판단하려고 하기보다는 종교적이거나 정치적인 멘토들의 판단, 생각, 행동에 열광하고 있다. 안철수, 법륜, 혜민… 이들은 모두 신자유주의가 지닌 폐단의 불순물처럼 등장한 것이다. 그가 곧 내가 될 수 없는데도 우리는 '그가 곧 나'이길 소망하며, 그들의 삶이 곧 내 삶인 양 하는 헛꿈을 신뢰한다.

가끔 그 '헛꿈'을, 온갖 제도적이고 교리적인 장치를 통해 교회가 키운다. 그러나 우리는 명심해야 한다. 스스로 꾸는 꿈이 아닌 바에는 모든 게 헛꿈이다. '신자유주의'와 '헛꿈'은 어제와 오늘 아침, 아침밥을 먹기 전에 버석버석 일어나던 흙먼지 같은 생각이다.

에덴동산 - 목자의 지팡이

헤로도토스(대략 기원전 480년경 ~420년경)는 고대 그리스의 역사가 이다. 서양문화에서는 그는 '역사학의 아버지'로 여긴다. 그 헤로도토스가 코카서스(북쪽으로는 러시아, 남쪽으로는 이란과 터키, 서쪽은 흑해, 동쪽은 카스피해와 접하고 있다) 일대를 북극이라 하고, 그곳에서 페라스키인들이 세계를 지배했다고 기록한다.

여기서 북극이라는 말은 지리학상의 개념이 아니라 천문학상의 개념이며, 페라스키perasky는 산스크리트어의 '낙원'을 뜻하는 pera와 '목자(사제)의 지팡이'를 뜻하는 scythe의 합성어란다. 그러니 이 '페라스키 사람'이라는 단어 속에는 우리의 궁금 중 하나인 '낙원 또는 에덴'과 '목자의 지팡이'가 다 들어 있는 셈이다.

프랑스 학자 길랑은 그들(에덴동산에서 지팡이를 들고 살던 목자)이 그리스 이전에 그곳에 거주했다고 말한다. 게다가 헤로도토스는 그 천문학상의 북극에서 갈대상자가 출발하여 흑해지역에 이르며, 그곳에서 상자는 다시 바통을 이어받아 남쪽 땅 끝에 이른다고 적고 있다. 바빌로니아 시대의 우르남무 비문에는 메소포타미아문명 시대의 천사들이 천상에서 생명의 원천인 물 항아리를 들고 내려와 지구라트에 이른다고 했다.

이 '북극', 우르남무 비명에도 나오는 천사들이 사는 '천상天上'은 어디를 말하는 걸까?

성서가 말하는 천사의 고향은 아라랏산(터키 북부에 있고, 지금은 아르메니아와 접해 있고, 거기 '쿠르드'라는 족속이 살고 있다. 사실 성서의 입장에서 보자면 이 쿠르드족이 우리의 관심사가 된다), 즉 아라라트 산이다. 영국의 고고학자 엔드루 콜린스는 성서의 외경인 「에녹서」를 근거로 그곳에 천사 에녹이 있었으며, 천사들은 거기서 하늘의 별을 관찰했다고 한다. 여기서 우리는 천사-동방박사-목자의 연관성을 짐작하게 된다.

성서 외경에는 다시 '파르완' 또는 '파르와인 산'이 나온다. 이곳은 오늘날 이란의 북쪽과 아르메니아, 조지아, 아제르바이잔이 자리 잡은 지역이고, 옛날 메디아 왕국이 있던 자리이다. 흰 산은 바로 여기 아라라트를 가리키는 것이며, 에덴동산과 보물을 두는 노아의 방주(동굴 또는 굴)가 있으며, 위대한 족장들이 모여서 지상의 일을 의논하는 만남의 장소가 여기 아라라트에 있었다고 한다.

'방주方舟'라는 단어가 나오니 금세 '노아의 배'를 연상하시는데, 조금 생각을 바꿔보자. 노아의 배를 방주라고도 할 수 있지만, 다른 한편으로는 '비밀스럽고 안전한 그 무엇을 도모하는 특별한 공간'의 의미도 가질 수 있다. 예를 들면, 오늘날 교회를 '구원의 방주'라고 하지 않는가? 이때 방주의 의미는 '특별한 장소'를 뜻한다. 그곳 방주에서도 특별한 사람들이 모였던 것이다.

아라라트 산은 기원전 1275년 문헌에 처음으로 등장한다. 이 산은 이란에서는 '성스러운 산'이고, 그 반대쪽인 러시아에서는 '영봉'이라고 숭상한다. 이 산의 중턱에는 오늘날 아르메니아공화국의 수도가 있는데, 그들은 이 산을 '내림의 장소'라고 부른다. 천사가 갈대상자를 들고 지상으로 내려가는 출발점인 셈이다.

콜린스는 연구를 통해 수태고지 신앙이 시리아-콥트-아르메니아를 시작으로 동방의 여러 교회에 이어졌다고 기록하고 있다. 그러니 아라라트 산의 '노아의 방주'는 실제 배舟가 아니라 하나의 거룩한 공간, 즉 부도였던 셈이다. 성서에서도 방주는 단지 떠다니는 집이지 항해나 여행을 위한 배가 아니며, 배의 구실을 할 수 없는 구조를 지녔다고 기록하고 있다. 성서가 말하는 방주에는 오직 하나의 문과 창만 있을 뿐이다(창세기8:6). 묘청은 그 하나의 창문을 '부도의 화혈'이라고 말한다.

네피림과 가나안

산다는 것은 찰나라는 걸 새삼 경험했던 지난 금요일 이후, 나는 뭔가 해야 할 말들을 남기지 말고 해야겠다고 마음을 정했다. 물론 그 '해야 할 말 또는 생각'들은 성서와 연관된, 오늘날 기독교 신앙의 주류로 이해되는 것들에 대한 재해석과도 같다 할 수 있다.

요즘 나는 주일과 수요일 그리고 틈틈이 교우들과 대화할 수 있는 기회가 생기면, 그야말로 '밑도 끝도' 없는 이야기들을 쏟아놓고 있다. 공감을 하는 이들도 있고 기대감을 갖는 분들도 있지만, 때로는 거부감이나 의아심을 품는 이들도 없지는 않다. 하지만 어쩌겠는가. 이미 시작한 일이요, 미래가 기대하는 바인 것을. '미래가 기대한다'는 이 말에 마음의 귀를 기울여주시기 바란다.

창세기 25장 6절을 읽노라면, 아브라함이 이삭에게 재산을 나눠줄 때 배다른 자녀들에게도 재산을 나눠주었다고 한다. 그런데 재산을 물려받은 배다른 자녀들에게는 이삭이 사는 곳과는 반대 땅인 '동방' 곧 '동쪽나라'로 가게 했다는 이야기가 실려 있다. 그러면 그 아브라함의 배다른 자녀들이 이삭을 피해 가서 살았다는 땅 '동방'은 어디를 말하는 것일까?

사마천의 『사기』「제왕본기」 1장의 이야기를 들어보자.

요임금은 희씨羲氏와 화씨和氏에게 명하여 일월성신을 관측시켰고 사시四時의 운행에 따라 파종과 수확의 시기를 백성에게 알렸다. 이를 위해 요는 희중과 희욱 형제를 해가 뜨는 동쪽에 살게 했고, 그곳을 양곡暘谷이라고 불렀다. 이 양곡에서 해가 뜨는 시간을 재서 봄 밭갈이를 준비시켰으며, 저녁의 남쪽 하늘에 주작朱雀과 칠수七星가 똑바로 보이는 날을 밤과 낮의 길이가 같은 춘분으로 정했다.

여러분은 방금 읽은 사마천의 이야기를, 성서 창세기 25장의 아브라함이 그의 배다른 자녀들을 이삭이 간 방향과는 반대로 동쪽으로 가서 살게 했다는 분위기에 실어보시기 바란다. 사기에는 그 '동쪽'을 '양곡'이라고 한다. 그러면 사기에 나오는 그 양곡은 어딜까?

그것은 위도 30도 일대, 오늘날 아라비아 반도의 북서 지역에 해당한다. 바로 팔레스타인의 가자 지역이다. 델 마르두크의 점토문서에 가나안 지역이 이브라와 긴밀한 관계가 있다고 기록되어 있는데, 여기가 구약성서가 말하는 가나안으로, 오늘날 요르단과 레바논을 말한다. 성서의 창세기에는 기원전 2천 년경 아브라함이 '거인'들과 함께 그곳에 살았다고 되어 있다(창세기6-13). 여러분이 창세기 6장에서 보게 되는 '거인', 즉 '네피림' 말이다. 그 거인은 진짜 '큰 사람'을 말하는 걸까, 아니면 '높이 우러러 봐야 하는 존재'를 말하는 걸까? 답은 후자이다. 비천한 사람에게 존귀한 사람은 거인이다. 사회적으로 이름이 없는 사람에게 이름 난 스타는 거인이다. 바로 그거다. 성서에 나오는 네피림은 당시의 '제사장 그룹'을 말하는 거다.

가나안은 '자줏빛 나라'라는 뜻이다. 실제로 가나안에서는 조개나 곤충에서 자주색 염료를 얻어 세계에 수출했다. 그들이 바로 '페니키아(기원전 3천 년경 지중해 동쪽의 시리아 중부지방에 건설한 도시 국가. 항해술이 뛰어나 지중해 무역을 독점하였으며, 오늘날 알파벳의 모체인 페니키아 문자를 그리스에 전했다.) 상인'이었는데, 그들은 북극성이나 별의 위치를 계산하는 침로를 이용하여 아라비아, 인도, 지중해 서쪽 지브롤터 해협을 넘어 영국, 아프리카에 상품을 팔러 다녔던 거다. 거기가 바로 『사기』에서 말하는 동쪽 나라이며, 아브라함이 말하는 동방이다.

19세기 중엽 고고학자들이 가나안의 게제르 유적을 발굴하면서 동굴이 있는 언덕 위에 한 줄로 늘어선 입석立石을 발견했다. 높이는 3미터로 모두 10개였는데, 그것은 고대의 해시계이다. 가나안 사람들은 이를 '높은 곳'이라 불렀다. 이 '높은 곳'을 설명하려면 터키의 차탈휘크 유적을 말해야겠지만, 오늘 이야기는 여기까지다.

베들레헴의 별 이야기

　　서울대학의 고천문학자 박창범 교수가『삼국사기』에 나오는 천문 기록에 대한 자료가 실제로 일어난 일인지 아닌지를 조사했다. 놀랍게도 60여 개의 기록물들 가운데 57개가 수천 년 전에 실제로 일어난 천문 현상이었다는 게 증명되었다. 천문 현상은 의외로 규칙적이어서 수천 년 전에 일어난 일들을 비교적 정확하게 알 수 있다고 한다. 그렇다면 예수님이 태어날 때 베들레헴에서 빛났다는 그 별도 진짜인지 아닌지 알 수 있지 않을까?

　　성경에서 이 별은 마태복음 2장 1~2절에 나온다. 어떤 신학자들은 별에 대한 이야기가 구약의 예언이 실현되었음을 주장하기 위해 만들어낸 말이라고 한다. 그래서인지 마태복음에는 '예언이 이루어졌다'는 말이 없다. 조작된 것이 아니라 실제로 일어난 일이라면 동방박사들이 본 것은 과연 무엇일까? 박창범 교수의 작업처럼, 예수 탄생 당시의 천체들이 어떻게 배치되어 있었는가를 알아보면 될 것이다. 콜린 험프리스, 데이비드 휴즈 같은 천문학자들이 찾아보았더니, 예수님이 탄생할 때 빛났다는 '베들레헴의 별'은 없었다고 한다.

　　1세기의 안티오크의 주교였던 성 이그나티우스의 편지에는 '하늘의 모든 빛을 압도하며 태양과 달도 복종한' 별에 대해서 쓰여 있다. 그러나 안타깝게도 복음서 중 이 별에 대해 이야기한 사람은 마태뿐이다. 누가는 양치기와 양을 말하고 있지만 동방박사의 이야기도, 그들이 별을 따라왔다는 이야기도 없다. 마가복음과 요한복음에는 오로지 예수님의 성인 시절만 기록되어 있다. 이토록 빈약한 증거를 가지고 별이 있었는지 없었는지를 알아본다는 것은 무리가 아닐 수 없다. 그렇다면 거꾸로, 예수가 태어난 날이 언제인지를 정확하게 알 수 있다면 별이 진짜로 있었는지 없었는지 알 수 있지 않을까? 마태복음에 나오는 별을 기준으로 하자면, 정확한 예수의 탄생 연대는 언제일까?

우리는 안다. 오늘날 우리가 사용하고 있는 서력, 즉 '기원후'라는 말이 '예수 탄생 이후Anno Domini'를 일컫는다는 것을 말이다. 이 달력은 사실 율리우스 카이사르가 기원전 45년 1월 1일에 시행한 역법을 변경한 것이다. 로마의 역법은 로마의 건국연대를 기점으로 한다. 그러다가 기원후 6세기, 즉 서기 5백 몇 년에 로마에 살던 디오니시우스 엑시구스라는 수도사가 역법은 예수의 탄생과 같은 심오한 종교적인 의미가 담긴 때를 기점으로 해야 한다고 주장했다. 그때부터 오늘날 우리가 사용하는 '기원전', '기원후'라는 개념이 탄생한 것이다.

그런데 그만 엑시구스 수도사가 옥타비우스 황제의 제위 기간 중 4년을 계산하지 않는 바람에 예수님은 기원전 4년에 태어난 것으로 기록이 되었다. 그러니까 기록상으로는 서기 1년에 예수님이 태어나신 게 아니라 서기 전 4년에 태어나신 것이다.

아우구스투스가 인구 조사를 실시했다는 이야기가 누가복음에 나온다. 그는 모두 3번에 걸쳐 인구 조사를 실시했다. 기원전 28년과 8년, 기원후 14년이다. 이때가 예수 탄생 무렵이다. 탄생 시기의 폭이 아주 넓어졌다? 이 시기의 하늘에 어떤 천문 현상들이 있었는지 살펴보자. 기원전 12년에 핼리혜성이 나타났고, 기원전 3년 8월 12일과, 2년 6월 17일에 금성과 목성이 합쳐지는 우주 쇼가 있었다. 그래서 예수의 탄생 시기는 대략 기원전 4~7년 사이라고 결론이 났다.

그러면 1년 중에 어느 달에 예수님이 태어나셨을까? 12월 25일은 아니다. 겨울이 아니라 봄이나 가을이 더 신빙성이 있다. 누가복음에 이런 대목이 나온다. '그 근방의 들에서는 목자들이 밤을 세워가며 양떼를 지키고 있었다'고 말이다. 이 성경 구절이 무슨 근거가 되는가 하면, 양치기들이 양과 함께 있는 시기는 양의 번식기인 봄과 가을이기 때문이다. 그래서 예수의 탄생일이 4월 17일이라고 하는 이들도 있고, 3월이거나 9월이라고 하는 설도 있다. 이 시기에 하늘을 올려다보았다. 그때 어떤 현상들이 일어났을까 하는 기대감을 갖고서 말이다. 결론은 기원전 5년 봄에 '소성', 즉 '빗자루' 별이 예루살렘을 지났다는 게 증명되었다.

그러므로 첫 번째 크리스마스는 BC 5년 어느 봄날이었다.

새끼줄로 하늘을 베다

갈 길이 멀고
할 일도 많으니
이제 저 선을 넘어야 하지 않겠나.

그까짓 새끼줄 하나 넘지 못하고서야
어찌 바다를 건너며
하늘로 솟을 수 있을까!

의지를 톱 삼아
관성의 경계를 벤 다음에야
땅과 바다와 하늘을 가로지를 수 있으리!!

박사들은 왜 별을 따라갔을까?

「천상열차분야지도」라는 게 있다. 조선후기인 1861년 남병길이라는 이가 작성한 천문서. 1,449개의 별들이 일으키는 세차운동을 당시에 맞게 그려놓은 우리나라 최초의 별 목록 그림책이라 할 수 있다. 뿐만 아니라, 청원의 고인돌군락에 가면 돌판에 큰곰자리, 작은곰자리, 용자리, 카시오페아자리 같은 별 그림이 새겨져 있다.

왜 뚱딴지처럼 구석기시대 돌무덤에 새겨진 별자리 이야기며, 들도 보도 못한 천문서 이야기를 꺼내는가 하면, 바로 동방박사 이야기를 하려는 거다. 어떤 이들은 동방박사를 점성술사 또는 무당쯤으로 여기기도 하지만, 아니다.

고대세계에 있어 하늘에 대한 지식은 일상생활과 밀접한 연관이 있었다. 이를테면, 계절의 변화에 맞추어 언제 작물을 수확하고 가축을 이동할 것인지를 알았다. 일식이나 행성의 변화에 따른 강의 범람과 가뭄도 천문을 읽어야 알 수 있었다. 그러니 하늘에 대한 지식은 고대인에게는 필수였다. 어디 고대에만 그럴까? 오늘날에도 고기를 잡으러 바다로 나갈 때나, 작물을 파종하고 출하할 때 일기예보를 살피지 않는가!

이토록 하늘에 대한 지식은 인간의 운명을 좌우했고, 그것을 다루는 이들은 대부분 지배계층이었다. 당시 바벨론은 점성술이 성행한 반면 유대는 그것을 금했다. 이것은 현자와 제사장의 차이이기도 하다. 그럼에도 성서에는 유대인이 금하던 점성술을 예수의 탄생 시점에 적용하고 있다. 뿐만 아니라 별과 왕의 탄생을 연결하는 의식은 전혀 '유대적'이지 않다. 그것은 지극히 로마적인 사고다.

바로 이것 때문이다. 동방박사들이 예루살렘으로 간 것은 '아기예수를 경배하러' 간 게 아니고, 그들(로마)의 인식대로 새 왕의 탄생을 보려고 간 것이다. 로마사람들은 왕이 되려면 신성, 왕권, 정의라고 하는 삼중합이 있어야 한다고 믿었다. 그 삼중합은 천문에서 화성·목성·토성이 만나는 날인데, 그들의 예측에는 예수님이 탄생하던 바로 그때 예루살렘에서 화성·목성·토성이 만나는 것을 관측할 수 있다고 보았던 것이다. 바벨론의 천문학자들은 그걸 알고 베들레헴으로 갔던 것이다.

외양간과 여물통, 그리고 예수

성탄절 언저리에 천주교 예배당 엘 가면 외양간 여물통에 누워 있는 아기예수 인형을 종종 보게 된다. 성탄카드의 그림에는 전문 모델로 등장하기도 한다. 목사가 제법 감성이 있다는 개신교회에서도 가끔 보게 되는 장면이다. 그때마다 내가 느끼는 것은 '정말 저런 것일까?' 하는 의문이다.

여하튼, 요셉부부는 밤늦게 베들레헴에 도착했고 여관에는 방이 없었다고 전해진다. 할 수 없이 피로에 지친 부부는 외양간에 잠자리를 정해야 했고, 거기서 아이를 낳았다는 것이다. 그런데 중동 신약성서연구소의 켄 베일리는 이런 누가복음의 이야기를 반박한다. 본래 아람어로 된 누가복음을 그리스어로 옮기는 과정에서 번역이 잘못되었다는 것이다. 한마디로, 팔레스타인과 레바논의 농가를 알지 못한 채 자기가 사는 나라의 형편에 맞춰 번역을 했다는 거다.

레바논의 농가는 짐승이 사람들과 같은 공간에 살았단다. 그렇게 해야 겨울에 동물의 체온으로 집안이 따뜻할 뿐 아니라 도둑으로부터 가축을 지킬 수 있었기 때문이다. 사람들은 약간 높이 지어진 마루에서 살았고, 소나 당나귀는 1.2미터 아래 땅바닥에 살았다. 구유는 속이 빈 돌로 지푸라기 같은 것들이 채워져 있었고, 그나마 괜찮은 집은 옆에 손님방이 있었다.

이러니 여관 따위 본래 없었던 거다. 여관으로 번역한 '카탈루마'는 '손님방'일 뿐이다. 누가복음 22장 11절과 마가복음 14장 14절에 나오는 대목을 잘 읽어보자. 뿐만 아니라 이들의 관례상 친척을 여관에 재울 수는 없다. 친척을 여관이나 다른 사람의 집에서 자게 하는 것은 그들에게 모욕이기 때문이다. 요셉 부부는 관습대로 그 집 가족과 같은 방에서 묵은 거다. 물론 그 집에 손님방이 있었지만, 이미 누가 들어와 있었던 거다. 마리아는 가족의 방에서 해산을 했고, 아기는 아래에 있던 구유에 뉘인 것이다.

'드디어 첫 아들을 낳았다. 손님방엔 사람이 이미 있었기 때문에 주인집에서 해산을 했다. 아이는 지푸라기가 깔린 구유에 뉘었다.'

여백, 계량 불가능의 공간과 시간

『강단 여백』의 초고를 읽으면서 생각했다. '아! 형이 완전한 목사가 되었구나!'

목사면 목사지 '완전한 목사'는 또 뭐냐고 할 이들이 있을지도 모르겠다.

죠셉 캠벨은 그의 책『신의 가면』에서 막 깨어난 햇병아리가 머리 위로 날아가는 매의 모형을 보고 금세 숨어버리는 행동에 대해 설명하고 있다. 다른 새들의 모형을 보이면 아무런 반응도 하지 않던 햇병아리들이 어떻게 알고 매의 모형에 대해서는 그토록 민감한 반응을 보이는 것일까? 그건 유전된 종족의 원형적인 이미지가 작용했기 때문으로, 이를 '반응력'이라고 한단다.

목사는 하늘로부터 부름을 입을 때, 이미 대중의 다양한 삶과 행위에 대해 반응하는 유전자를 주사 맞는다. 그것을 흔히 '소명'이라고들한다. 그 소명의 유전자인 '반응'이란 무엇일까? 인간 내면의 소리를 듣고 해석하는 능력이며, 삶의 분방한 상황들을 꿰는 진실의 관통이다. 이렇게 삶의 내면과 외형을 받아들이고 해석하는 기술이야말로 목사가 갖춰야 할 덕목 중에 가장 중요한 것이다. 그러나 현실은 그렇지 못하다. '받아들이기'보다는 '강요와 설득'의 기술이 목사의 자질처럼 번져 있는 세대가 아닌가?

한국, 일본, 중국, 세 나라 사람을 돼지우리에 가두면 들어가자마자 울 밖으로 나오는 사람은 일본 사람이란다. 성급할 뿐만 아니라 깨끗한 것을 좋아하는 탓이라는 거다. 다음에 더 이상 못 참겠다고 비명을 지르며 나오는 사람은 우리나라 사람이란다. 제법 뚝심과 오기가 있는 거다. 그런데 아무리 기다려도 나오지 않는 사람이 중국 사람이란다. 그리고 끝내 견디지 못하고 밖으로 뛰쳐나오는 것은 사람이 아니라 돼지란다. 그만큼 중국 사람들은 둔하고 더럽다는 욕으로 쓰였던 우스개 이야기지만, 이 비유야말로 목사의 격格과 위位를 논증하는 존재론이 아닐 수 없다.

악한 환경 속에서도 끈질기게 버틴 통 큰 사람이어야 비로소 목사의 소명인 '반응력'이 일어나 분노와 배신, 절망과 허탈, 외로움과 고독을 조건 없이 받아들이는 순명의 꽃을 피우게 되는 것이다. 그 꽃이 대중과 함께 소통될 때, 그것이 '여백'이다. 그러니 형이 목사로서 『강단여백』을 갖게 되었다는 것은 '계량 불가능의 공간과 시간'을 갖게 되었다는 말과 다르지 않다. 누가 목사인가? 누가 진정으로 하나님이 맡겨준 소명을 다한 사람인가? 나는 그 삶으로서 '계량 불가능의 공간과 시간'을 확보한 사람이리고 생각한다.

그건 마치 십자가에 달려 죽어가는 실패한 그리스도가 보여주는 가르침의 역설과도 같다. 그 십자가야말로 '계량 불가능의 공간과 시간'을 함축하는 진리의 메타포가 아닌가? 목사 또한 그 십자가에서 '격'과 '위'를 지니는 존재인 한, '계량 불가능의 공간과 시간'으로만 자신을 말해야 하는 것이다.

찬성이 형이 오늘 『강단 여백』을 통해 자신의 그것을 내보인다고 할 수 있다. 이 책을 읽는 이들이 '깡통'을 상기했으면 한다. '깡'은 영어의 'CAN'에서 오지 않았던가? '캔'이란 금속의 통을 의미하는 것이다. 우리는 거기에 다시 '통'이라는 우리말을 붙여 '깡통'이라는 새 낱말을 지어냈다. 형의 『강단 여백』을 통해 자기만의 '여백'을 획득해야 한다는 뜻이다. 목사인 경우에는 더더욱 그렇다. 그렇게 '계량 불가능의 공간과 시간'에서 노니는 목사가 필요한 시대가 아닌가?

두루마리 성서

오늘날 책^冊이라고 하는 말은, 대 조각^{竹簡}에 글씨를 써서 노끈으로 엮으면 '册'자의 형상이 나와서 생긴 말이다. 또 이것을 죽서^{竹書}라고 했는데, 이 죽서를 거두어 말아 적당한 대통^{竹筒} 속에 넣어 보관했으므로 그것을 일러 권^卷이라 했다. 간편하게 말았다는 뜻이다. 그래서 지금도 책을 헤아릴 때 '한 권', '두 권'이라 하며, 담배도 둥글게 말려 있다고 해서 옛날에는 '권련^{卷戀}'이라 했던 것이다.

지난 한 해 동안 교우들이 쉬엄쉬엄 성경 66권을 모두 한지에 옮겨 썼다. 엄청난 양의 두루마리가 설교단 위에 산처럼 쌓였다. 봄비가 부슬부슬 내리던 날, 교우 여남은 명이 모여 성서 사본에 풀칠을 하기 시작했다. 예쁜 도배지에 필사된 한지를 붙이고 다림질을 했다. 그러기를 엿새 동안, 연인원 90여 명이, 996.3미터(12.3m×81)의 장대한 성서 두루마리를 완성했다. 아침부터 밤늦게까지 온몸으로 말씀을 돋우고 새긴 교우들은 두 말할 것도 없고, 장장 1킬로미터나 되는 길을 풀 묻혀 왕복으로 달린 이들과, 그들을 위해 음식을 해 나르고 간식을 준비한 손길은 또 얼마나 아름다운가!

오늘 저녁, 손바닥에 말라붙은 풀이나 떼자고 감자탕 집에 모였다. 자축하는 자리에서 교우들은, 풀칠하던 엿새가 10년의 사귐보다 진하고 보람되었다고 했다. 도배지 값 25만원이 지출의 전부였지만, 일용직 노동자의 품삯으로만 쳐도 1천만 원은 족히 될 산술적인 가치에 대해서도 기뻐했다. 그러나 그게 성서를 필사하고 제본한 교우들이 누리는 기쁨의 전부 또는 실체는 아니다. 예배당 맨 앞에 걸린 십자가 밑에 66개로 나누어진 방에 들어가 있다가, 매 주일 아침마다 펼쳐져 읽힐 그 '내일과 내일'의 감격 때문에 더 설레는 것이다.

자작나무처럼 서 있는 66개의 저 두루마리들은 얼마나 장엄한가! 마치 교우 한 사람 한 사람이 직립하여 하늘을 우러르는 것처럼 보이지 않는가? 하나님의 사람들로 엮여(冊)진 살아 있는 '책'처럼 보이지 않는가?

지금 우리는 우리 자신, 살아 있는 말씀의 책이 된 나 자신을 하나님께 바치는 것이다.

사람史覽

지구에 살고 있는 여러 포유동물 중에 '인간'을 '사람'이라고 부른다. 왜 사람일까? '사람' 할 때의 '사'는 '역사歷史' 할 때의 사史다. 그리고 남은 한 글자인 '람'은 '무엇을 본다'고 할 때 쓰는 볼 람覽이다. 이 두 글자가 입체적으로 작동되는 실존을 '사람史覽'이라고 하는 것이다. 모름지기 역사를 읽을 줄 알고 볼 줄 아는 포유동물이어야 비로소 '사람'이 된다는 뜻이다. 그렇지 않은가? 인간을 제외한 어떤 동물이, 자신의 지나간 과거를 반추하고 다가올 미래를 예측하여 현재의 가치관이나 행동 기준으로 삼는단 말인가! 그런데 근래에 우리는 자주 역사를 보지 않는, 역사와 무관하게 현재만을 사는 데 심혈을 기울이는 인간들을 보곤 한다.

오늘날 많은 개신교회의 목회자가 자기 자식들에게 자기가 담임하던 교회를 세습하고 있다. 그들은 '사람史覽'이 아니다.

중세가 거의 끝나가는 11세기까지도 독신은 강제사항이 아니라 권장사항이었다. 그 권장사항도 5세기에 들어서야 등장했다. 서기 400년대 콘스탄티누스가 기독교를 로마의 국교로 선포할 때까지도 사제의 혼인은 금지되지 않았다. 요컨대 혼인 금지 규정의 목적은 '여성과 성관계를 맺지 말라'

는 데 있는 게 아니라, 자녀가 생김으로 해서 오는 교권 세습의 방지에 있었다. 그러나 5세기에 이르러 점차 교권이 세습되기 시작했다. 11세기가 되자 교회를 자식에게 물려주는 일은 극심해졌고, 그 패악이 커지자 드디어는 독신 규정을 강제하는 법이 제정되기에 이른 것이다.

이상성의 『추락하는 한국 교회』에 나오는 대목이다. 자신의 교구를, 본당(예배당)을 자식에게 물려주는 행위를 금지하기 위해 가톨릭 사제들은 1천 년의 세월 동안 '성행위 금지'라는 고행을 강요받았다. 다시 말하면, 오늘날 천주교 신부들이 독신으로 사는 이유는 세습을 하지 않기 위해서다. 자기가 담임하던 교회를 자식에게 물려주는 행위가 그만큼 나빴기 때문에 가혹하기조차 한 '결혼 금지' 조항도 생긴 것이다.

우리가 간혹 우스갯소리로 "저것도 사람이야?" 하거나, "저걸 사람이라고!" 할 때가 있다. 터무니없는 짓을 해서 보통 이하의 수준을 나타내는 인간을 조롱하는 말이다. 그 언어의 진실은, '역사 없이 산다'는 말이다. 그런데 아이러니하게도 세상은 늘 그 '사람'도 아닌 '인간'들이 함부로 사람들을 속이고 부리려고 한다. 그러나 어쩌랴, '사람'은 '인간'에게 속는 법이 없으니 말이다.

이렇게 허접한 '인간'의 속임수로 어떻게 세상을 깨우고 '사람'을 낚을까!

존재 자체가 '바캉스'였던 예수!

때는 바야흐로 바캉스(휴가) 철이다.

'바캉스'의 스펠링은 'vacances'인데, 그 어원이 라틴어 'vacatio'란다. 'vacatio'란 뭔가? '텅 비워 낸다'라는 뜻이라니, 그런 의미에서 예수는 존재 자체가 'vacances'였다. '무無의 자유自由'를 누리시던 분이니 말이다.

사람들은 자유를 바라지만 무無는 싫어한다. '무'는 언제나 불안을 동반하기 때문이다. 무식無識, 무지無智, 무전無錢처럼 '무'는 불안이다. 그러나 사실 인간의 자유는 무의 자유다. '무'에서 자유가 나온다는 말이다. 그런데 인간들은 자유를 내버리고, 영원히 안정된 존재가 되기를 원한다. 기성 가치에 굴종하기도 하고, 거대한 조직이나 기구 또는 회사에 자기를 내맡기기도 한다. '무'를 포기하고 '유'에 자기를 내던지는 것이다. 자유는 계속 불안과 공포에 위협당하고 있다. 그러나 행복하려면 '자유' 해야 하고, 자유는 용기에서 온다는 페리클레스의 말을 생각할 때, 그 용기는 과연 무가 주는 불안과 공포로부터의 용기다.

몇 년 전 나는 무의 자유를 자각했다. 이제는 그 자유를 버릴 수 없어서 언제나 쓸쓸하게 산길을 걸어가는 사람으로 살기를 애쓴다. 이

길밖에 없으므로 이 길을 가고 있다. 사실 사물은 그 자체로 존재를 가지고 있다. 그러나 사람은 죽는 순간까지 존재가 되지 못한다. 그렇게 자신의 무를 자각하고 살아가야 하는데… 그걸 일깨워주기 위해, 내가 하나의 길 위에 있다는 것을, 언제나 미완성이고 결여체이며 허공이요 무라는 것을 일깨우려는 것이 아닌가 싶다.

"여우도 굴이 있고 공중의 새도 거처가 있지만 나는 머리 둘 곳이 없다."(마8:20)

목사로 사는 일 또한 이와 다르지 않을 터다.

---

*   나는 '내가 무가 되었다'고 말하지 않는다. 다만, '자각했다'고만 했을 뿐이다. '되다'와 '했다'는 같지 않다.

배추 밭에서

서기 380년경 한 명의 수사학자가 로마에 입성한다. 그는 로마에 살고 있는 그리스도교도들의 도덕 수준에 크게 실망하고 만다. 따라서 그는 '영혼이 구원받는 데 있어 인간의 노력이 우선한다는 것을 강조'함으로써 많은 일반인의 호응과 지지를 받기 시작한다. 물론 그와 같은 그의 신학사변은 아우구스티누스와의 격렬한 논쟁을 불러왔고, 결국 그는 이단자가 된다.

펠라기우스에 따르면, 인간의 행동은 전적으로 자신의 의지에 달려 있으며, 하나님과 비견할 만한 능력을 행사하면서 자율적으로 자신의 창조자가 될 수 있다고 했다. 이에 비해 아우구스티누스는, 힘은 이성이나 의지가 아니라 신앙에서 나오며, 구원은 인간의 자유의지가 아니라 신의 은총에 기댈 수밖에 없다고 했다. 결국 기독교는 아우구스티누스를 정통으로 삼고 펠라기우스를 이단으로 정죄하여 매장시키고 말았다.

그런데 18세기 프랑스의 계몽주의 대두와 함께 140년 전에 매장되었을 거라고 여겼던 펠라기우스 사상이 기독교 천년왕국주의, 메시아주의와 결합하면서 부활하기 시작한다. 인간 이성이 왕성하게 생장하던 시기인 이 무렵, 혁명가들은 법을 통해 새로운 사회, 새로운 인간을 만드는 걸 목표로 삼는다. 이를 위해선 폭력 사용도 정당화되고, 공포 정치는 우연이 아니라 혁명적인 기획에 따르게 된다. 이런 '뉴 휴먼 비전'에 의거하여 세계 선교도 시작된다. 하나님의 나라가 빠른 시일에 지구상에 당도하려면 하루바삐 복음을 세계에 전하여 천년왕국을 앞당겨야 했기 때문이다. 정치적으로는 나폴레옹 군의 대외침략이 진행되면서 '고등한 인종이 열등한 인간들을 문명화하고 도처에 계몽주의 정신을 전파'하기 위함이라는 명분으로 정당화된다. 1941년부터 시작된 이른바 '대동아 경영권'의 일환으로 시작된 일본의 태평양 전쟁도 결국은 '계몽'에 의지한 것이고 보면, 펠라기우스 사상의 부활에 기인하지 않았다고 볼 수 없다.

여기까지가 정치적인 메시아주의의 첫 번째 흐름이다.

두 번째 흐름은 테르미도르 반동(1794. 프랑스혁명으로 공포정치 종식) 이후 생시몽, 푸리에, 프루동, 바쿠닌을 거쳐 마르크스와 엥겔스에 당도한, 일련의 인간 중심의 변혁주의자들이 선도한 〈공산당 선언〉에 이르러 더욱더 화려한 메시아주의, 곧 공산주의가 등장하게 된다. 이것이 펠라기우스 사상의 두 번째 부활이다.

그리고 세 번째 펠라기우스 사상의 부활이 일어난다. 바로 오늘날

'네오콘(신보수주의)'들과 함께 등장하는 신자유주의이다. 신자유주의는 우리가 다 아는 것처럼, 경제를 통해 세계를 하나로 엮고, 그 경제적인 에너지를 통해 인간을 새로운 삶의 세계와 이성의 세계에 도달하게 한다. 물론 여기에 평화와 행복, 그리고 구원도 포함된다.

엊그제 김장배추를 심었다. 하루밖에 지나지 않았는데 오늘 아침 밭에 나가보니 50여 포기가 말라죽었다. 곧 다시 '땜빵'을 해야 한다. 그 연하고 연한 배추 묘를 심을 때도 그랬지만, 정성껏 심었는데도 말라죽은 배추 모종의 주검을 보노라니, '인간의 이성이 과연 그 자신을 구원할 수 있는가?' 하는 심연의 회오리가 일어나기에, 세상을 휩쓸고 있는 신자유주의의 몹쓸 바람이 그 어두운 뿌리를 어디에 두었는지 궁리해 보았다.

기도하는 마음으로 배추 모종이나 다시 해야겠다. 하늘이 질금질금 비를 내려주고 있기 때문이다.

예수가 말했다

인간은 두 종류다. 광장 인간廣場人間과 골방 인간密室人間이다. 여기서 '광장'은 세상과 부딪히고 설득하며 관계하는 세속의 마당을 말한다. 이 광장이 없고서는 세상을 살아가지 못한다. 그래서 광장에서는 늘 고함소리가 들리고, 주장하는 소리가 나고, 흥정하고 거래하는 모사某事가 암암리에 일어난다. 광장에서는 배신과 신의가 한 형제이며, 자랑과 교만이, 모멸과 절망이 한 가족이다.

광장은 종합적인 매매소다. 증권거래소는 증권만 사고팔지만, 빵집에서는 빵만 사고팔지만, 고무신 가게에는 고무신과 그와 유사한 품목만 팔지만 광장은 뭐든 사고판다. 의식도, 이성도, 감정도, 물건도 팔 수 있고 살 수 있다. 한마디로 욕망의 종합적인 거래소가 광장이다. 세상 사람들 대부분은 광장에서 나서 광장에서 죽는다. 광장인생이다.

유대인들은 사람들에게 보이기 위해, 사람들을 설득하기 위해, 사람들을 꼬이기 위해, 길거리에서 보란 듯이 무릎을 꿇고 기도하는 시늉을 했고, 자랑하듯 헌금했고, 경건의 치장을 위해 금식하는 티를 냈다. 광장으로서의 종교였다. 그들의 종교는 정치 선동이었고, 비즈니스

였고, 문화적인 유희였다. 예수는 그런 그들을 '외식하는 존재'라고 불렀다.

예수는 말했다. "너는 기도할 때에 네 골방에 들어가 문을 닫고 은밀한 중에 계신 네 아버지께 기도하라 은밀한 중에 보시는 네 아버지께서 갚으시리라."(마태복음 6:6) 즉 '광장'에만 있지 말고 '골방'으로 들어가야 한다고 말한다. '광장 인간'에서 '골방 인간'으로 돌아설 것을 요구한다.

신의 면전에 나온 이들은 계측, 계량, 계산에 썼던 머리와 입을 닫아야 한다. 그것이 자기만의 골방이고, 그래야 광장에서 벌어지는 광란의 울부짖음과 폭동의 피를 피할 수 있다. 이게 예수고, 이게 기도다.

밥 & 춤

인간에겐 '역사'와 '신화' 두 다리가 있다. 역사는 먹고 자고 입는 일상의 울타리 속에서 움직이며, 신화는 사랑하고 노래하고 춤추는 초월의 언덕에서 행동한다. 밥은 역사의 양식이고, 춤은 신화의 양분이다.

이렇게 역사와 신화는 인간의 시간을 지탱하는 두 다리이기에, 인간은 밥만으로도 살 수 없는 것이고, 춤만 추면서도 살 수 없는 것이다. 인간은 짐승이 아니기 때문에 먹고 사는 문제만이 전부는 아니다. 현실이 절박하다 해서 또 하나의 다리를 잘라버려서는 안 된다.

더욱이 '목사의 삶'에 있어서는 더욱 그렇다. 목사는 모름지기 구름을 딛는 창조의 다리, 순수한 한 방울의 이슬이 주는 도취의 시간 속에 머물러야 하는 존재이기 때문이다. 예수도 말하지 않았던가? '사람이 빵만으로 사는 게 아니'라고 말이다.

목사는 신화를 신앙으로 내재화하고, 역사를 지탱하는 밥그릇을 놀이의 도구로 써야 한다. 하지만 도처에 '밥 그릇'에 매달린 구도자들을 본다. 물론 '나'를 포함해서 하는 말이다. 신화의 구름다리를 건너는 이들은 그 어디에도 없다. 순수의 물 한 방울이 주는 신비에 도취하려는 이를 찾는 일은 더더욱 어렵다.

지난 금요일 오후 이후, 붕괴된 내 의식이 흩날리는 가을바람에 낙엽처럼 둥둥 떠다닌다. 커다란 플라타너스 낙엽 한 조각이 바람에 날아와서 창에 부딪쳤다가 툭 떨어진다. 오늘 아침 바람에 날아다니는 저 가을 낙엽들은 신화의 다리를 건너온 역사다.

'연탄'이 '성탄'을 노래하다

사람이 '사람된다'는 것은 꺼진 연탄 살리는 일만큼 힘들다. 가르쳐서 될 거 같지만 가르쳐서 되는 것도 아니다. 고생을 하면 될 거 같지만 고생을 한다고 다 사람이 되지도 않는다. 철이 들어야 한다.

사람을 만나 철이 들든지, 자연에 부딪혀 철이 들든지, 하나님을 만나 철이 들든지 해야 한다. 그러면 철이 들면 뭐가 달라지나? 철이 들면 인생에 독기가 빠지고, 아무런 악의가 없는 불덩어리가 된다. 그런 불덩이라야 진리를 간직하게 되고, 진정한 생명을 얻어 남을 위해 자기를 바치는 하나의 인간이 되는 것이다. 인생에 불이 붙어 타기 전에는 좀처럼 독기는 빠지지 않는다.

철이 들지 않은 인간은 불이 붙지 않은 연탄이거나, 타다가 꺼진 연탄과도 같다. 꺼진 연탄은 종이를 태워도 다시 살아나지 않는다. 장작을 때면 불이 붙을까? 아니다. 결국 숯을 피워 놓아야 불이 붙기 시작하는데, 한참 동안은 샛노란 연기가 뿜어져 나오고 그러기를 마쳐야 불길이 인다. 그렇게 한번 불이 붙으면 무서운 열기를 내어뿜는다. 그렇게 자기를 태워 타자를 데우다가 저녁때가 되면 흰 재로 변한다.

철이 들지 않은 인간은 불붙지 않은 시커먼 연탄이다. 타다가 꺼진 흙덩이다. 철들면 인간이요, 철들지 않으면 짐승과 다를 게 없다. 목사로 산다는 거, 철든 인간을 바라며 사는 것이다. 이리저리 삶과 진리의 벽에 부딪혀 철이 들기를 기다리는 삶이다. 그러나 철든 인생을 보기란 하늘의 별따기만큼 어렵다.

여기저기 검은 흙덩이가, 타다 꺼진 연탄들이 '성탄'을 노래하는 12월이다. 불붙이지 못했거나 타다 꺼진 독기 서린 '연탄'들이 재가 된 '성탄'을 노래하다니! 기이한 일이다.

'학이시습學而時習' 맛보기

學而時習之不亦說乎
有朋自遠方來不亦樂乎
人不知而不慍不亦君子乎

배우고 때때로 익히면 또한 즐겁지 아니한가?
벗이 있어 먼 곳으로부터 오면 또한 즐겁지 아니한가?
사람이 알아주지 않아도 성내지 않으면 또한 군자가 아니겠는가.

아시다시피 『논어』의 첫머리에 나오는 문장이다. 그런데 나는 오늘 2012년의 시작을 이 고전의 다른 해석으로부터 시작하려고 했다. 왜냐하면 바야흐로 기독교신앙은 21세기 들어 새로운 국면을 맞고 있기 때문이다. 이는 '완전히 변질'되든지 또는 '충분히 몰락'하든지의 기로에 섰기 때문이다. 그것은 어디에서부터 기인한 것일까? 그것은 역사적 층위가 다양한 사회문화적인 맥락을 무시하고 성서의 표현과 해석을 고정화한 까닭이다. 다음으로는 장르 상으로나 기술적 관점으로나 공간적인 배경에 대해서 천양이 차이를 갖고 있는 성서 텍스트를 획일적으로 붙였다 떼었다 하면서 제멋대로 해석해 왔다는 데 있다. 바로 이런 질문에서 『논어』의 첫 문장이 거론되는 거다. 이것은 '그리스도인'이라고 칭하는 오늘날의 추상적이고 집합적 행위자들이 만들어낸 '기독교'와 개별적인 신앙 행위자로서의 '그리스도인'에 대한 물음이기도 하다. 오늘 이 시대에는 추상적이고 집합적 행위자들이 만들어낸 '기독교'는 무용無用해지고, 개별적인 신앙 행위자로서의 '그리스도인'에 대한 유용有用성이 증대되고 있기 때문이다.

간단히 말하면 '기독교'는 필요 없어지고, '그리스도인'은 필요한 시대라는 뜻이다. 이 요구에 부응하려면 정전, 즉 경전을 제대로 읽는 일이 필요하다는 말이다.

다시 『논어』의 이야기로 돌아가서, 통속적인 해석으로 논어를 읽으면 『논어』는 3류 철학서가 되고 만다. '열심히 공부하라'는 말과, '친구를 사귀는 즐거움', 그리고 '화낼 때는 화도 낼 줄 알아야 한다. 그래야 큰 사람이다'는 이 아리송한 가르침이 3류 철학이 아니고 무엇이란 말인가? 대체적으로 해석의 고정화는 이런 우를 범하게 된다.

우선 '배우는 것에 때가 있다'는 말을 한다면 이거 좀 우습지 않은가? 공부할 때가 어떻게 정해져 있겠는가? 요즘에는 죽을 때까지 배워도 모자란다고 하고, 늦지 않았다고 하는 세상이 되지 않았는가? 이 시대에는 도통 쓸모없는 논어구가 되고 말았다. 그래서 3류 철학서라는 말을 한 거다. 공자는 '朝楣夕死可矣', 즉 '아침에 도를 깨닫고 저녁에 죽어도 여한이 없다'고 했다. 이 말에도 위배가 되는 것이다. 여기서 중요한 건 '時習'이라는 낱말이다. 대부분은 '時'를 그저 '시간', '계절', '시기' 같은 뜻으로 해석해 버린다. 그러나 이 '시'는 『주역』의 「명리학」에서와 같이 '天文'을 뜻하기도 한다. 따라서 『논어』의 '學而時習'이라는 이 말은 '천문'을 공부한다는 뜻이다. 이어서 『논어』의 첫 문장 '學而時習之不亦說乎' 또한 '배우고 때때로 익히면 또한 즐겁지 아니한가?'로 해석되는 게 아니라, '천문을 공부하는 일을 어찌 말로 설명할 수 있으랴!'가 되는 것이다. 석가도 깨닫는 일을 '不立文字'라 하지 않았는가?

지난 수십 세기 동안 통속적으로 읽고 해석하던 경전을 '탈 경전' 하여 읽고 해석하는 연습이 필요하다는 말이다. 그렇게 되면, 성서는 다성多聲적인 텍스트가 되어 다성적인 세계에 살고 있는 우리의 삶과 연계해서 성서의 진의를 소유, 육화시킬 수 있을 것이다. 여하튼, 나와 관계 맺고 살아가는 이들이 성서를 통해 '학이시습' 했으면 한다.

『논어』는 본시부터 한자로 기록된 것일까? 아니다. 고대 중국의 고

문헌인 이아爾雅는 『논어』나 『서경』 같은 책이 한자가 아니라 '과두문자(蝌蚪文字 챙이 글)로 쓰여졌다고 했다. 이 과두문자는 이른바 '설형문자' 즉 '쐐기문자'로부터 왔는데, 이는 서아시아의 문명권에 해당한다. 그러니 『논어』나 『서경』을 읽으려면 한문글자를 그대로 읽어서는 안 되고, 서아시아의 문화권 양식으로 읽어야 한다.

가고오고

소멸과 생성의 순환입니다
그것도 이것도 다 축복이며
사는 것과 죽는 것이 모두 은총이라는
허공에 큰 금 하나 휙 긋고 지나가는
어제와 오늘을 살며
새해니 묵은해니 한들
뭐가 새것이 되며
무엇이 헌것이 되겠습니까

용龍은 누에蠶다

몇 차례 소남자 김재섭 선생과 중국의 고금문 학자인 낙빈기 선생에 대한 이야기를 했던 적이 있다. 예배당 내 사무실의 벽에 걸린 '혁사만하'라는 액자도 소남자가 정묘년 연하장으로 보내주셨던 글자를 표구한 것이다.

금년이 흑룡의 해라나 뭐라나 하면서 내게 '龍'의 진위를 묻는 이들이 있다. 지난 월요일 청담동에서도 두어 사람이 내게 물었다. 진짜 용이 있는지, 아니면 어떤 상징이 있는지에 대한 물음이었다. 어디선가 몇 번 이야기했던 적이 있는데, 다시 한 번 찬찬히 짚어보려고 한다.

낙빈기와 김재섭은 '龍'자가 머리와 상체를 곤추세우고 잠자는 누에의 형상을 그렸다고 말한다. 누에는 13마디로 이루어진 절충切蟲인데, 누에가 버티고 선 다리의 특징은 용과 흡사하다.

복희, 신농, 황제는 고대중국의 전설상 삼황三皇에 속하는 그룹이다. 이들은 화하민족華夏民族의 시조신이며 문화 창조자로서 양잠, 견직의 시조가 되었다. 황제의 부인인 서릉西陵씨는 누조嫘祖인데, '누'자는 '밭田에서 실絲을 잣는 여자女'를 뜻하여, 누조가 잠업의 시조로서 중국인의 시조임을 보여준다. 고대 선민들에게 농경생활을 처음 가르쳤다는 신농씨神農氏는 양잠과 직조의 시조이기도 한데, 신농의 '농農'자와 관련된 농사農事는 일반적으로 논밭을 일구는 일로 알고 있지만, 사실은 누에를 키우는 양잠업이 본래의 의미였을 가능성이 있다. '農'자에서 '曲'자의 고금문자古今文字는 마디가 있는 누에의 형상을 하고 있고, '누에발 곡'으로도 읽힌다. 『설문해자說文解字』에는 이 글자를 "혹설或說, 잠박야蠶薄也"라고 풀이하였는데, '잠박蠶薄'은 '잠박蠶箔'으로 '누에발'의 의미를 가지고 있어 누에와의 관계를 확실히 해주고 있다.

낙빈기는 『중국상고사회신론』「금문신고 외편」에서 "중국에서 용은 하나의 표상이다. 그것은 염제와 황제 자손들의 유구한 역사와 찬란한 문화에 대한 존중과 자긍심을 상징한다."라고 하였다. 누에에서 변화된 용은 황제계의 언어다. 용은 그래서 하夏나라 왕조의 휘장이 되었던 것이다.

금년이 용의 해라고 하니 허망한 꿈들일랑 꾸지 말고, 어디 뽕밭이라도 찾아보는 게 좋을 것이다. 봄가을로 누에를 치는 경험을 할 수만 있다면, 그야말로 '龍'의 선계仙界에 이르는 것이리라. 그럼 '흑룡'은 뭘까? 물론 주역에서 온 뜻이지만, 오로지 누에 이야기로만 풀자면 이렇다. 누에가 4령을 지나면 벽이나 나무 위로 기어 올라가 뽀얀 누에 집(고치)을 짓는다. 다 지은 다음엔 그 안에 들어앉아 나방이 되기를 기다린다. 그때 주름 잡힌 진갈색의 번데기가 바로 '흑룡'에 해당한다. 그러니 금년에 질 좋은 번데기를 많이 드시라! 몸이 튼실해질 것이다. 그게 흑룡의 해에 흑룡이 주는 복이 될 터이다.

긴절緊切의 식탁

산다는 것은
흐르면서 죽는 것
보이지 않게.

본성에 대하여

예수님이 지구상에 나타나기 이전인 BC 2세기 즈음에 루크레티우스라는 로마의 시인이 있었다. 그는 당시 『데 레룸 나투라』, 즉 '사물의 본성에 대하여'라는 책을 썼다. 이 책은 신의 권능을 두려워하던 시대에 시의 율격을 빌려서, 신이 우리의 삶에 대해서 상을 주지도 않을 뿐만 아니라 반대로 벌을 주지도 않는다는 주장을 하고 있다.

이 세상 그 어느 것도 '무無'에서 나오거나 '무'로 돌아가지 않는다. 끊임없이 '최소의 알갱이'로 쪼개지고 뭉치는 상태가 반복된다. 하지만 이러한 원자의 운동은 영원히 파괴적이지도 영원히 생산적이지도 않다. 생산과 파괴는 무한한 시간부터 지속적으로 반복된다.

그는 그 당시, 무한하며 영원한 우주 공간 속에서 최소의 알갱이인 '원자'가 운동하고 상호작용하면서 우리가 겪는 사건들을 일으킨다는, 놀랍도록 세속적이고도 현대적인 우주관을 전개했다. 이런 사고를 한 게 BC 2세기다. 이는 빈센트 반 고흐가 '별이 빛나는 밤(1889)'에서 별 무리를 나선형으로 그림으로써, 훗날 지구로부터 3,700광년 떨어진 'M51 소용돌이 은하'가 있다는 사실을 과학적으로 뒷받침했던 일보다 더 놀라운 예견이다.

은하계를 통찰하는 고흐의 그림이건, 루크레티우스의 인문주의적 우주사상이건, 마틴 루터의 종교개혁(1517)이건 간에, 결국은 신의 권능으로부터 자유로운 인간이 되라는 선언에 진배없다. 그렇다면 인간에게 선과 악이란 사실상 즐거움과 괴로움에 다름 아니라는 뜻이며, 따라서 두려움(죽음)으로부터 해방되고 괴로움으로부터 벗어난 행복하고 평온한 상태에 도달하는 거야말로 인간이 추구해야 하는 지고의 목표가 된다.

며칠 동안 장맛비가 내리더니 오늘 밤 모처럼 하늘이 열렸다. 집 앞 키 큰 미루나무에 상현달이 오르락내리락 하는 것을 보다가 문득, 내 영혼의 발걸음 더딘 걸 한탄한다.

창 너머 저 까치 소리

'파토스'라는 말이 있다. 감성에 호소한다는 뜻이다. 반면 '로고스'라는 단어는 이성적인 접근의 경우에 쓰이는 말이다. 요즘 『철학의 눈이 미술이다』라는 책을 읽으면서 이 대극적인 의미의 단어들로 조합된 길을 가느라 염전鹽田 같은 나날을 보내고 있다.

미술은 사실 '로고스'적이지 않다. 미술은 그대로 '파토스'이다. 그런데 그걸 눈, 즉 로고스의 장치로 읽어야 한다는 건, '감성을 이성으로 들여다보라'는 말이다. 물론 이쯤이면 미술은 그림이 아니라 철학이 된다.

대체적으로 눈의 문화는 이성적이고 논리적이며 능동적이다. 반대로 파토스의 기능을 지닌 귀는 정적이고 감성적이며 직감적이고 수동적이다. 그러면 우리나라의 그림은 시각적인 예술일까, 아니면 청각적인 예술일까? 무슨 소린가 싶은가? 눈으로 보는 예술이 미술인데, 그걸 귀로 듣는 예술에 넣다니! 그러나 가만히 우리네 그림을 들여다보면 색체나 형태감보다는 저 거문고 소리 같은 귀의 리듬, 즉 선이 발달해 있는 것을 알 수 있다.

눈은 매몰차다. 보고 싶은 것을 보니까. 보고 싶지 않으면 눈을 닫으면 그만이다. 보려는 의지가 없으면 그것으로 끝이다. 그래서 이별의 언어가 '나 이제 너 안 봐'인 거다. 그러면 모든 게 끝나니까. 그런데 귀는 그러지 못한다. 귀는 모든 것을 그냥 받아들여야 한다. 이 수동성이 영혼을 정화하고 감정의 깊이를 닦아 슬기를 낳는 것이다.

우리의 미술, 음악, 종교나 삶은 '파토스'이다. '눈'이 아니라 '귀'의 철학이다. 사랑도 눈으로 열고 닫지 않고 귀에 걸어 무한 승화를 희망한다. 피리 소리에 호랑이도 춤을 추고, 도둑놈도 남의 집 담을 넘다가 달빛에 취해 잠이 들고, 지구에서 가장 가깝다고 해봐야 4.3광년이나 멀리 있는 별을 보면서 '저 별은 너의 별 저 별은 나의 별' 하고 기막힌 파토스의 노래를 불렀다.

그러니 철학의 '눈'이 미술이 아니다. '귀'의 철학이 미술이요, 음악이며, 종교요, 삶이다. 예수도 말했다. "진리도 들음(귀)에서 얻느니라."

창밖의 저 까치 소리 또한 '파토스'가 아닌가?

'항문'이라는 감성의 신무기를 구하려고

"나는 자질이 남보다 못하기 때문에 만약 충분한 노력을 기울여서 공부를 하지 않았다면 아무런 보람도 거두지 못했을 것이다. 학문을 한다는 것은 밭에 곡식을 심는 것과 같아서 척박한 밭에는 좋은 벼를 심어도 잘 자라지 않고, 기름진 땅에는 잡초가 자라기 쉽다. 만약 기름진 땅이라고 해서 그 땅만 믿고 곡식을 잘 재배하고 김매어서 가꾸는 노력을 들이지 않는다면, 비록 좋은 밭이라도 잡초만 무성해질 것이니 무슨 소용이 있겠는가?"

조선 시대 오현伍絃 중의 한 분인 정여창 선생의 말씀이다. 나는 '학문'을 한다는 것과, '독서'를 한다는 것의 차이를 잘 모른다. 그저 내 생각의 일반은, 학문이란 세상이 정한 제도를 따라 계단 오르듯이 올라가서 얻어낸 어떤 외형적인 '결과물'이고, 독서란 일정한 규칙이나 법도法道 없이 자유자재로, 어떤 존재가 가고자 하는 내면의 방향을 따라가는 '과정 속의 기쁨' 정도로 이해하고 있다. 그러니 학문이 곧 독서라고 생각지 않으며, 반대로 독서를 많이 한다고 해서 학문을 한다거나 했다고 생각하지 않는다.

나이 50을 넘은 지금까지 나는 학문을 해보겠다거나, 하고 싶은 마음을 가져본 적이 없다. 그렇다고 학문을 한 사람들을 다르게 생각지도 않았다. 나는 그저 '독서'하는 존재로 살아왔다. 그런 내가 어쩌자고 미국에 있는 웨슬리신학대학 목회학 박사 과정에 발을 들여놓을 마음을 먹었던가? 내게 처음 이 과정을 소개한 친구는 말했다. 모름지기 목회학 박사란, '학문'이 아니라 '목사로 살아온 삶의 정리'이며, 그동안 채집한 수만 권의 책 속에 들어 있는 정보와 지식의 '휴지화休紙化'를 위한 것이라고.

이제 나는 6학기 중 3학기를 위해 월요일 아침 워싱턴으로 떠난다. 본시 이 과정은 어디서나 '집중 교육'으로 진행된다. 나처럼 국내에 머물다가 방학 동안에 미국으로 향하는 사람이나, 아예 보따리를 싸서 미국으로 건너간 사람이나 이 과정은 똑같다. 이번 학기는 6/6학기에 제출할 논문의 제목과 내용, 참고도서 같은 것들을 심사받는 중요한 학기다. 만약 이 과정을 통과하지 못하면 다음 학기를 할 수 없다. 내가 준비한 논문의 제목은 「엠마오 가는 길이 한국 교회에 미친 영향에 대한 연구」이다. 엠마오 공동체의 몇몇 후배들이 논문으로 '엠마오 공동체'에 대해서 썼지만, 엠마오 훈련을 분석하고 제시한 논문은 없었다. 서울 엠마오 가는 길 1기를 통하여 은혜를 받고, 동부 엠마오 가는 길이 생기기까지 생성된 은혜의 사건들이 교회와 개인, 사회에 어떤 영향을 미쳤고, 어떻게 미칠지를 분석하고 제시하게 될 것이다.

위로 들어온 온갖 정보와 지식, 머리를 통해 작동했던 이성적인 것들이 '학문'이라면 '학문'이라 하겠다. 그러나 나이가 들면 '위上'가 아니라 '아래下'에서 모든 게 성취되어야 한다. 나는 그 과정을 '학문에서 항문으로'라고 말하고 싶다. '학문'은 이성이고 '항문'은 감성이다. 이성은 생존의 군량미지만 감성은 삶의 신무기이다. 나이가 들면 군량미는 중요하지 않다. 생존의 시간이 별로 없기 때문이다. 그때는 '신무기' 감성이 분발해야 한다. 그래야 자신의 삶이 완성되기 때문이다. 조선조의 정여창 선생이 '학문은 농사'라고 했지만, 나는 말한다. '학문은 항문'이고 또는 '이성은 감성'이다.

'항문'이라는 감성의 신무기를 구하려고 나는 내일 아침, 스무 날 일정으로 워싱턴을 다녀온다.

'페르미 역설'과 내 열망의 오백삼십 보

얼마 전 신문에 다음과 같은 기사가 실렸다.

미국 우주항공국NASA의 케플러 망원경이 지구와 비슷한 크기의 새로운 행성을 발견해 학계의 관심이 쏠리고 있다. 영국 일간지 데일리메일의 1일자 보도에 따르면, 지구에서 불과 352광년 떨어진 우주서 발견된 이 행성의 이름은 '케플러Kepler-21b'이며, 천문학자들은 케플러-21b를 슈퍼지구로 명명했다. 슈퍼지구란 지구와 같은 암석 형태로 이뤄져 있으면서 질량이 지구보다 무거운 행성을 가리킨다. 과학자들은 슈퍼지구 행성에서 물이 발견된다면 외계인이 살고 있을 가능성이 높은 것으로 판단하고 있다.

이렇게 과학자들은 지구와 비슷한 환경을 가진 행성이 400만 ~1,000억 개로 추산된다고 말한다. 뿐만 아니라 우리가 살고 있는 은하계가 생성된 지 100억 년이나 되었으니, 그동안이면 충분히 인간세계 밖의 존재들이 지구에 소식을 알렸어야 한다는 게 '페르미 역설'이다. 그래야 되며 마땅히 그럴 수 있는데, '지금 그들은 어디에 있느냐?'는 거다.

나는 최근 뜬 눈으로 밤을 지새웠다. 십수 년 전의 어느 해, 정수리가 터져 밤낮을 가리지 않고 책과 음반과 비디오테이프를 듣고 보던 그때와 흡사했다. 다만 그때는 '길'을 찾느라 그랬고, 지금은 절판된 '책 한 권'을 찾기 위해서라는 게 다를 뿐이다.

'내가 찾는 그 책은 지금 어디에 있는가?'

나는 페르미처럼 묻고 물었다. 조철수라는 신학자는 아직도 살아 있고, 그가 쓴 책 또한 여기저기 떠돌고 있는데, 왜 내가 찾고 있는 그 책『유대교와 예수』는 '지금 어디에 있느냐'는 거다. 물론, 이러다가 결국 어디선가 만나게는 될 테지만, 나는 이때껏 한 번도 맛보지 못한 간절함을 뼛속까지 느끼며 잠을 이루지 못했다.

그랬는데, 그토록 애타게 기다리고 기다리던, 읽고 싶어 목마르던 그 책,『유대교와 예수』가 우리 집에서 537 걸음 안에 있는 춘천시립 '동내도서관'에 있다는 걸 오늘 새벽에야 알았다. 내 걸음걸이로 530 보는 채 4분이 걸리지 않는 거리다. 얼마나 기쁨이 북받쳐 오르는지, 아침도 거르고 시계만 보다가 8시 45분에 집을 출발했다. 그리고 입안에 밥알 세듯이 땅을 꼭꼭 디디며 걸음을 세어 8시 49분에 도서관 앞에 도착했다. 그랬더니 개관 시간이 9시라고 되어 있는 거다. 10여 분을 어떻게 기다리나 조바심을 하는데, 사무실 안에서 얼핏 내다보던 여직원이 말한다.

"들어오시죠."

도서대출회원증(회원번호 4009003119)을 내밀고 서가에 들어가 책을 찾아서 직원에게 내밀었다. 여긴 본인이 직접 서가에서 책을 찾아서 사무실로 가져와야 된다.

"대출기간은 두 주간입니다."
"예."

책을 찾고 도서관 문을 나오기까지의 시간이 꼭 6분 걸렸다. 그러니 오가는 시간까지 합해서 15분이 채 안 걸린 셈이다. 두드리면 어딘가에는, 또 언젠가는 가고자 하는 곳으로 가는 길이 보이는 법이다.

'내가 왜 이 책을 이토록 읽어야 한다고 하는지, 읽고 싶어 안달을 하는지를 눈 밝은 이들은 제발 눈치 채시길!'

어디론가 가고 있다

오늘 목욕탕에 갔었다. 뜨거운 탕 속에 머리만 내밀고 앉아 있자니 벌거벗은 군상들만 오간다. 그렇고 그런 몸뚱이를 보는 무료함을 지우기 위해 '맥반석 사우나'라는 곳에 들어갔다. 물 없이도 펄펄 끓는 신비의 방에는 작은 모래시계가 마지막 모래알갱이를 받아내고 있었다. 마치 12월의 마지막 금요일처럼 말이다.

그 작고 뜨거운 공간에서, 바로나 거꾸로나 그게 그거인 '모래시계'를 보면서 나는 생각했다. 사람들은 이맘 때 뭘 할까?

어떤 이는 인색한 수전노가 손때 묻은 동전을 한 닢 한 닢 헤듯이, 지문이 묻은 지나간 날의 의미들을 계산하고 있을 것이다. 또 어떤 이는 옛날 우리 선생님들이 흑판 위에 쓴 백묵 글씨를 감쪽같이 지우듯이 이 해의 까맣던 날들을 닦아내고 있겠지. 더러는 누더기를 깁던 어머니처럼 밤새껏 남루한 기억들을 모아 한 벌의 옷을 지을 수도 있겠다.

그러나, 그러나 나는, 한 해가 끝나는 이 마지막 밤에는 누에가 제 스스로 만든 고치 속으로 들어가듯이 내 몸과 의식, 정신과 혼을 그 시간의 고치 속에 묻을 게다. 그랬다가 새 아침이 올 때, 나방이로 변신하여 탈출하는 기적을 일으키고 싶다. 그래서 지금껏 땅을 기어다니던 그 몸이 가장 가벼운 나래가 되어 자유롭게 허공을 나는 법이 어떤지를 보여주고 싶다.

2013년 길고 긴 나날들이 비단실이 되어 새로운 생生의 의상을 지으려면, 이 며칠밖에 남지 않은 날들을 누에고치의 마지막 마무리를 위한 노동처럼 써야 했다. 그래서 요 며칠 동안 나는 침잠의 늪에 깊이 빠져 있었다. 그렇게 며칠을 어둠 속에 유폐되어 있었는데, 누군가 나를 부르는 거다. 문을 열라고!

나는 그 홀연한 부름을 세속의 사람들처럼 연기로 사르거나, 술잔처럼 비우거나, 동전처럼 헤이거나, 백묵 글씨처럼 지우지 않고 거두었다. 그래야 다시 날 수 있고, 기적의 비상을 할 수 있는 마법을 익힐 수 있겠기에 말이다. 나는 지금 모래시계 속에서 흘러내리는 모래알처럼 한 해의 마지막 밤의 통로를 지나고 있다. 누에가 제 스스로 만든 고치 속으로 들어가듯이 말이다.

그러나 모래시계는 뒤바뀌어 처음처럼 쏟아져 내릴 것이고, 스스로 유폐를 자처했던 누에는 나방으로 변신하여 하늘을 나는 마법을 선보일 것이다.

자심제 子心齋

내 나이 쉰 중반에 책을 읽는다. 날씨도 마치 그만한 나이는 된 것처럼 구부정구부정하다. 서양의 철학책도 읽고 성경도 읽는다. 예순 즈음에 있어야 할 '확 깨는' 좌표 같은 문구를 만날까 싶어서다. 『장자』의 「내편」을 읽는데 '唯道集虛 虛者心齋也 유도집허 허자심제야'라는 글귀가 마음 한 자락을 잡아당긴다. 특히 '빌허虛'자가 확대경을 댄 것처럼 부풀어 오른다. 그래서 며칠째 그 뜻을 새기고 있다.

네 마음을 하나로 집중 통일해서 사물事物을 귀로 듣지 말고 마음으로 들을 것이며, 마음으로 듣지 말고 기氣를 통해 들어라. 귀는 소리를 들을 뿐이며 마음은 인상을 받아들일 뿐이지만, '기'라는 것은 공허한 것으로서 모든 대상에 대응할 수 있다. 도道는 이 공허함 속에서 달성된다. 정신의 공허한 상태를 유지하는 것이 '심재心齋'이다.

'심재心齋'란, '마음을 굶긴다'는 뜻이다. 성경에 나오는 '심령이 가난한 자'라는 말과 같다고 하겠다. 장자도 예수님과 비슷한 말을 하고 있지 않은가? 아니 실은 장자가 예수님의 말을 흉내 내는 것일지도 모른다. 여하튼, 송나라 사람 장자의 이 말에서 글자 세 개를 집어 들었다.

子心齊

'唯道集虛 虛者心齊也'에서 '者心齊자심제'의 '者'를 '子'로 바꾸어
만 놓은 것이다. 3인칭을 1인칭 '나'에게로 겨냥했을 뿐이다. 그동안 내
호는 내 삶의 궤적을 쫓아 '散壺子산호자'였다. 그게 40대까지의 내 삶
이었다. 뭔가를 끊임없이 부수고 부수면서 살았다. 결국 내가 부서지
는 경험을 하고서야 '一毫일호'로 아호를 바꾸었다. '하찮은 터럭 하나'
쯤이라는, 그렇게 가볍게 놓고 살겠다는 것이었다. 그러다가 50을 넘기
는 나이가 되었다.

이제는 내 삶을 '굶기는 데' 집중해야 할 나이다. 마음도, 몸도, 생
각도, 혼도, 정신도 모두 굶겨야 한다. 그냥 터럭 하나의 가벼움만으로
도 모자란다. 굶기고 굶겨서 '텅 비'게 만들어야 한다. 그래서 이제 마
지막 내 아호를 '子心齊자심제'로 하는 것이다.

철학자 강신주에 의하면, 장자의 이야기들은 고전철학이 아니라
'패러독스 우화'이며 '유머'이다. 그러니 내가 '子心齊'하여 '굶기고 굶
겠다'는 말도 사실은 '패러독스'인 셈이다. 허나, 그 패러독스에 도달하
기 이전에 나는 먼저 '내 자신을 굶기는 일'에 50 후반의 에너지를 집
중해 볼 요량이다.

아직 7월의 끝인데 아침 바람이 선선하다. 여름도 굵기를 시작한 모양이다.

새

하늘을 나는 새는
주거지가 하늘일까요 아니면 땅일까요.

철원 평야에서 찍은 두루미

우파 믿음,
좌파 기독교

성경을 읽다 보면, 오른쪽은 복된 자리고 왼쪽은 저주나 불행한 위치라는 의미의 문장들이 많다. 착한 사람은 오른쪽에 세우고 악한 사람은 왼쪽에 둔다는 대목도 있고, 예수님이 하늘로 올라가셔서 하나님의 오른쪽에 있게 되었다고도 한다.

그러면 무슨 연유로 이렇게 오른편은 착하고 선하고 복된 편이고, 왼편은 불행의 대명사처럼 인식되고 사용되기 시작했을까?

사전적인 의미도 성서의 이해와 다르지 않다. 오른쪽(바른쪽)은 옳은 방향, 왼쪽은 중심에서 떨어진 방향이라는 거다. 오른쪽right hand side의 그 'right'는 '완전하다', '바르다'의 의미이고, 왼쪽left hand side의 'left'는 '떠나다'라는 의미를 가지는 'leave' 동사의 과거분사형이다. 즉 '떠난 쪽, 혹은 외진 쪽(중심에서 떨어진 쪽)'의 의미임을 알 수 있다. 한자는 어떨까? 한자에서의 구분은 더 명백하다. 右는 입口에 치우쳤다는 것이고, 左는 노동工, 혹은 힘을 쓰며 산다는 뜻이다.

옛날 그리스인들의 생각도 자궁 속에서 남아는 오른쪽에 여아는 왼쪽에 있다고 믿었다. 아리스토텔레스는 몸 오른쪽이 왼쪽보다 따뜻하다고 했다. 심장이 왼쪽에 있는 까닭은 왼쪽의 냉기를 맞추기 위한 것이라고 보았다. 로마 때는 현관에서 노비가 지키고 서 있다가 왼발부터 들어오는 손님은 돌려보냈다. 렘브란트는 그림을 그릴 때 빛을 모델의 오른쪽에 두어 오른쪽 옆모습을 돋보이도록 했다.

이렇게 오른쪽을 숭배하고 왼쪽을 비난한 까닭은, 17세기까지의 사회를 지배한 점성술 때문이다. 해에 상응하는 오른쪽은 고귀하고, 달에 상응하는 왼쪽은 불길하다고 했기 때문이다. 그런데 요즘은 오른쪽과 왼쪽의 편견이 심하지 않다. 19세기 들어서 점성술과 고대 종교가 힘을 잃었기 때문이다.

그러니 교회에서도 오른쪽 우월론優越論을 주장하거나, 좌측 성향을 배제하려는 사고와 태도를 버려야 한다. 좌우 뇌의 다른 기능이 규명되었고, 하나님의 나라는 왼쪽과 오른쪽이 없을 테니까.

신 없는 세상

미국의 종교사회학자 필 주커먼 교수는 덴마크와 스웨덴에 거주하면서, 다양한 계층의 사람을 만나 '신 없는 사회'가 '신 있는 사회'보다 더 행복할 수 있을까를 1년여에 걸쳐 조사했다.

결과는 비종교적인 분위기 속에서도 도덕적이고 풍요로운 사회가 만들어질 수 있음을 증명했다. 그 사례를 엮은 책이 『신 없는 사회』다. 이 책은 주커먼이 실시한 인터뷰를 바탕으로, 종교의 힘이 그리 강하지 않은 사회에서 사람들이 어떤 식으로 현재를 살아가고 죽음을 마주하며, 초월적 존재를 현실적 존재로 만드는지의 기록이다.

구성원들이 성경을 많이 사랑하는 사회가 도덕적인지, 아니면 빈곤을 사실상 퇴치한 사회가 도덕적인지, 많은 구성원이 정기적으로 교회에 나가는 사회가 윤리적인지, 아니면 어린이와 노인과 고아의 복지를 위해 전문적인 보살핌을 제공해 주는 사회가 윤리적인지 등 사회의 도덕성과 종교가 어떻게 연관되어 있는지 살펴보며, 종교에 대하여 다시한 번 생각해 보는 계기를 마련해 준다.

그 내용을 엿본 결론은 이렇다.

믿음이 약할수록 가난한 게 아니라 부유하고, 신앙심이 깊지 않을수록 그 사회가 더 건강하다는 것이다. 되레 신앙심이 깊은 나라일수록 흉악한 범죄가 많고, 빈부의 격차가 심하고, 정신병 발병률이 높다는 것이다. 잘 믿으면 믿을수록 사회는 오히려 더욱 큰 병폐에 나아간다니, 이 노릇을 어찌할 것인가! 믿음이 좋은 사람이 많으면 많을수록 더욱 흉악한 사회 현상이 증가한다니, 요즘 한국 사회를 두고 하는 말이 아닐까? 주커먼에 의하면 '신앙심이 깊다'고 응답한 한국 사람은 52퍼센트로 57개국 중 40위였다. 스스로 우리가 제법 신앙국가라는 응답인데, 믿음이 상위인 만큼 자살률, 성폭력도 상위가 된 것인가?

빌 주커먼은 말한다.

"도덕적이고 평화로운 사회에 종교가 필수는 아니다."

나, 목사 맞아?

서양에는 '열쇠 구멍으로 들여다본다'는 말이 있다. 왜 이런 속담이 생겼는가 하면, 서양의 문이란 게 닫으면 한 치의 틈도 없이 꼭 들어맞기 때문이다. 서양인들을 흔히 합리적인 사람들이라고 말한다. 그들의 신앙 또한 합리적이다.

그러나 대충대충 짜서 달아놓은 한국의 문은 아무리 꼭 닫아도 으레 틈이 벌어진다. 그래서 우리는 '열쇠구멍'이 아니라 '문틈'으로 들여다본다고 한다. 그래서 생긴 게 문풍지다. 그 틈을 보완하기 위한 방식이지만, 요즘 나온 문틈에 붙이는 '찍찍이'에 비하면 또 아무것도 아니다. 문틈과 문풍지는 우리 고유의 특성이다. 한마디로 우리의 문이나 문풍지는 치수의 부정확성에서 생겨난 산물이다. 말하자면, 문풍지 문화는 무엇이든 재고 따지고 계산하는 자(尺)의 문화와는 양극을 이룬다.

어디 그게 문풍지뿐일까? 암수로 구분된 우리의 돌쩌귀는 서양의 경첩과는 달리 망치로 두드려서 얼마든지 그 사이를 벌렸다 조였다 할 수 있게 되어 있다. 그 융통성 때문에 미리 문짝을 꼭 맞추려고 애쓰지 않아도 된다.

그러면 우리 조상들은 서양 사람들처럼 합리적으로 꼭 맞게 할 줄 몰라서 못한 걸까, 그런 기술이 없어서일까? 아니다. 문도 적당히 틈이 있고, 게다가 다시 문풍지를 쓰는 이유는, 일일이 한 치 두 치 재가며 세상을 살 수 없는 게 '인생'임을 알았기 때문이다.

문은 무엇인가?

그 자체가 이미 합리적인 계산이나 논리로는 따질 수 없는 물건이다. 그래서 문을 마음에 비유하는 것이다. '내고자 창을 내고자 이 내마음에 창을 내고자'로 시작되는 시조는 마음에 창을 내어 열자는 것이고, '한숨아 세한숨아 네 어느 틈으로 들어오느냐'라는 시조는 마음의 창문을 닫아 한숨의 바람을 막자는 것이다.

문은 이렇게 여는 것과 닫는 것의 상반된 기능을 갖는다. 그리고 그 상반의 경계를 하나의 돌쩌귀에 동시에 지니고 있다. 돌쩌귀는 어둠과 빛의 경계에 있는 '상처'다. 그것이 닫히면 문은 벽과 다르지 않고, 그것이 열리면 문은 벌판과 다르지 않다. 그러므로 돌쩌귀는 이것이냐 저것이냐의 흑백논리로 설명될 수는 없다. 만약 돌쩌귀가 그 기능을 잃으면, 문은 문이 아니고 문 안이나 문 밖은 경계를 잃고 만다.

'나는 양의 문이다.'

예수님이 하신 말씀이다. 실제 근동의 목장 풍경에 있어서 문은 우리의 문틈새보다 더 허접한 모양새를 하고 있다. 그들에게는 문풍지조차 없다. 바로 그런 공간의 이쪽과 저쪽을 허물어버리되, 이쪽을 이쪽 되게 하고 저쪽을 저쪽 되게 하는 창조적인 존재의 역할이 예수가 하는 일이란 뜻이다. 따지고 논쟁하는 유대인들을 빗댄 비유이다. 율법의 합리로 짓밟는 생명성의 회복을 말하는 것이다. 생은 그런 게 아니라는 것이다. 그는 틈이 많은 문이며, 아예 허접한 문이다. 그러니 '아무나' 하나님 나라의 백성으로 받아들이는 게 아닌가? 그는 문풍지조차 없는 문이다. 요즘 나온 알루미늄 새시처럼 그런 빈틈이 없는 문이 아니다. 그건 당시의 유대인들이며 세속의 장사치들이다. 그런데도 양들은 그런 허접한 문이 된 목자의 음성을 안다는 것이다.

감히 오늘날의 목사를 '예수'와 비견할 수는 없다. 하지만 통칭 목사를 목자와 비유하는 것을 허용할 때, 오늘 내가 나에게 묻게 된다. '나, 목사 맞는가?'

이제 어쩔 건가?

지난 5월에 미국의 펜실베니아에 있는 랑케스터라는 작은 시골 마을(아미쉬 공동체가 있는)에 갔던 적이 있다. 그곳에 어머어마한 성극만을 공연하는 〈밀레니엄 씨어터〉 극장이 있어서였다. 금년에는 〈노아〉를 공연하는데, 그 스케일이 실로 어마어마하다. 1회 공연에 관람객이 3천 명이나 된다. 그걸 하루에 두 번씩 1년 동안 하는데, 매번 자리가 가득가득 찬다. 미국의 전역에서 그걸 보기 위해 관광버스를 타고 몰려든다. 그 3천 명의 관람객 중에서 아무리 둘러보아도 내 나이 또래는 나밖에 없었다. 모두들 휠체어를 타거나, 어느 양로원에서 단체 관람을 온 듯했다. 그걸 보면서 'Last Christian generation'이라는 말이 실감이 났다.

'지금 이 세대가 기독교로서는 끝이다.'

마치 이걸 뒷받침이라도 하듯 9월 13일자 중앙 일간 신문엔 '한국 기독교 인구의 감소'라는 제목의 기사가 실렸다. 각 교단들이 가을 총회를 하는데, 많게는 2만여 명에서 적게는 수천 명의 교인 감소를 보고했다는 것이다. 어떤 사회학자는 20년 내에 한국기독교 인구가 지금의 절반으로 줄어든다는 보고서도 내놓았나. 신문은 '한국기독교 분석 리포트'를 인용하여 첫째는 목회자들에 대한 나쁜 이미지 19.6퍼센트, 둘째는 배타성 17.7퍼센트, 셋째는 헌금의 강조 17.6퍼센트가 교인 감소의 주된 요인이라고 지적하고 있다. 한마디로 목사나 교인이나 교회가 타락한 것이다. '타락'이 뭐 별거겠는가. 매사를 돈으로 따져 사는 게 타락이다. 종교가 매사를 돈으로만 규정하고 판단하고 결정한다는 것은, 마치 밥을 굶는다고 집에서 기르던 어항을 둘러엎어 금붕어 매운탕을 해 먹는 격이고, 방이 춥다고 기타를 부수고 피아노와 거문고를 쪼개 군불을 때는 짓이다. 아무리 추워도 기타와 피아노와 가야금을 쪼개서 군불을 지피지 않는다. 아무리 배가 고파도 금붕어를 잡아 매운탕을 끓이지는 않는다. 이는 기타와 금붕어에 추위와 배고픔을 넘어서는 가치가 있음을 알기 때문이 아닌가?

욕망으로 타락한 중세 신앙의 회복은 수도원 운동에서 시작되었다. 욕망과 권력과 세속의 탐욕에 찌들어 쇠락하던 중세 유럽 교회에 정절, 청빈, 순명을 신앙의 원칙으로 삼는 베네딕투스 운동이 일어났다. 프란체스코는 베네딕투스 신앙인들보다 더욱 청빈을 강조했다. 이게 망해 가는 중세의 교회와 믿음을 지켰다. 군불을 지폈던 가야금을 다시 만들고, 매운탕을 끓였던 금붕어를 다시 기르기 시작한 것이다. 물질을 넘어서는 정신, 정신을 가로지르는 영혼의 획득이 쇠락하던 중세의 교회와 신앙을 회복하게 했던 것이다.

이제 어쩔 건가?

"I am not religious, but I am spiritual!"

"나는 교회는 싫다. 그러나 나는 영적인 존재이고 싶다."며 교회를 떠나는 저 과거의 교인들을 어찌 붙들어 맬 것인가!

내 생각에 답한다

1판 1쇄 발행 2015년 5월 27일

지은이 허태수
사진 신락선
기획편집 김서연

펴낸이 김제구
펴낸곳 호메로스
인쇄·제본 한영문화사

출판등록 제22-741호(2002년 11월 15일)
주소 121-842 서울시 마포구 잔다리로 77 대창빌딩 402호
전화 02)332-4037
팩스 02)332-4031
이메일 ries0730@naver.com

ISBN 979-11-86349-34-2 03190

호메로스는 리즈앤북의 인문, 소설 브랜드입니다.